人际交往心理学

再也不怕跟人打交道了

牧之◎著

江西美術出版社
JIANGXI FINE ARTS PUBLISHING HOUSE

图书在版编目（CIP）数据

人际交往心理学 / 牧之著 .-- 南昌：江西美术出版社，2017.5（2019.7 重印）

ISBN 978-7-5480-4255-6

Ⅰ .①人… Ⅱ .①牧… Ⅲ .①人际关系–社会心理学–通俗读物 Ⅳ .① C912.11-49

中国版本图书馆 CIP 数据核字（2017）第 033477 号

出 品 人：周建森
企　　划：北京江美长风文化传播有限公司
策　　划：北京兴盛乐书刊发行有限责任公司
责任编辑：王国栋　楚天顺　李小勇
版式设计：刘　艳
责任印制：谭　勋

人际交往心理学

作　　者：牧　之

出　　版：江西美术出版社
社　　址：南昌市子安路 66 号江美大厦
网　　址：http：//www.jxfinearts.com
电子信箱：jxms@jxfinearts.com
电　　话：010-82093808　　0791-86566124
邮　　编：330025
经　　销：全国新华书店
印　　刷：北京柯蓝博泰印务有限公司
版　　次：2017 年 5 月第 1 版
印　　次：2019 年 7 月第 4 次印刷
开　　本：880mm × 1280mm　1/32
印　　张：7
ISBN 978-7-5480-4255-6
定　　价：26.80 元

本书法律顾问：江西豫章律师事务所　晏辉律师

前言 Preface

为什么我们常常会觉得自己是真心为他人好，可对方却不领情？为什么明明自己没有坏心眼儿，却总是说话得罪人？为什么总有一些人不喜欢、不欢迎我们？为什么我们的朋友看起来特别多，但在遇到困难的时候却没有人伸手援助一把？

我们要怎样做才能让人喜欢自己，乐意跟自己交朋友？我们要怎样做才能让他人信服自己、支持自己，在有困难的时候会帮助自己？我们要怎样做才能让他人接受自己的要求，按照自己的意愿来行动？我们要怎样做才能让自己更有气场和吸引力？我们要怎样做才能更有效地影响别人？

在生活和工作中，我们每天都必须与人接触，与各种人打交道，比如朋友、同事、上司、下属、不认识的人或者有求于自己的人等。正是在人际交往过程中，我们通过自己的种种行为表现、言行举止、内心情绪等方面不断地有意识或者无意识地影响着他人，同时他人也在影响着我们。

而在人际交往中之所以产生这种相互影响、相互作用，其根源就是心理学。可以说，人际交往与心理学密不可分。心理学能让我们掌控人际交往的主动权，发挥心理优势，有效地影响他人。比如，我们想要让他人做出某种行为，必须了解、掌握他的心理。了解并能掌握人心，这就需要我们懂得一些基本的心理学知识，并恰当地运用。

我们都有一颗灵慧的心，在与形形色色的人打交道的过程中，如果巧妙地运用自己的心智，揣摩人心，了解人性，掌握了察言观色、操纵人心的本领，相信每个人都能拥有良好的人际关系，无论是在朋友圈还是在职场、社交场合，都能光彩照人、魅力四射。

《人际交往心理学》从心理学的角度对人际交往进行全新梳理，别具匠心。它结合日常生活中的实际案例和经典故事，对人际交往中的各种心理现象进行了较为详尽的分析，并提供了简单易行的操作思路和方法，有助于我们在社交中做到剖析自我，认识他人，从而提高自己的人际交往能力，增强人脉，成为受欢迎的人。

目录
Contents

第一章 心理投射术：影响你想影响的人

通过观察交际圈来了解对方 / 002
用热情感染周围的每一个人 / 005
别轻易说“你错了” / 007
尊重他人会获得他人尊重 / 009
表达出你的喜爱之情 / 012
增加彼此见面的次数 / 015
把别人放在心窝里 / 017
雪中送炭温暖人心 / 021

第二章 心理认同术：和谁在一起很重要

日常生活中的行为是如何产生的 / 026
让人选择群居的最佳手段 / 027
被人孤立是一种痛苦的感受 / 029
服用泰勒诺能缓解孤独感 / 032
寂寞和饥饿感觉相同 / 034
寂寞孤独时注意力更专一 / 036
通过想象人的形象摆脱孤独 / 038

要抱有重新被人接纳的希望 / 040
你的寂寞到底从何而来 / 042
结交抚慰寂寞心灵的朋友 / 043
第三章 心理博弈术：搞好人际关系，就赢了
别人的看法不必太过分在乎 / 046
在别人眼中你是什么样子 / 047
向上攀比与向下攀比的结果 / 050
观众的注视评价带来负面影响 / 054
所有人都需要独处的空间 / 059
将自尊感维持在适当的水平 / 060
每个人都在看自己的错觉 / 063
幽灵观众长驻在人体内 / 067
通过他人的眼睛看清自己 / 069
第四章 心理迎合术：和谁都能交朋友
是否能完全按照性格活着 / 076
外向的人更容易获得快乐 / 079
外向性格有长处也有短处 / 083
一项能量消耗和控制的实验 / 086
自我控制力是训练出来的 / 091
第五章 心理读人术：一眼识透微表情微动作
为了人际关系需要学会舍弃 / 098
归因：为什么会发生那种事情 / 102
捕捉细节，看穿对方的心思 / 107

读懂人心也要转换角度 / 111
丢掉对别人的草率判断 / 114

第六章 心理暗示术：再也不害怕跟人打交道
第一印象会彻底出卖你 / 116
首因效应：第一印象不容易改变 / 118
一两分钟能决定你的输赢 / 120
你是一个值得信赖的人吗 / 123
热心和能力两方面观察人 / 126
悲观的人喜欢与开朗的人交往 / 132
如何分析别人的内心感受 / 133
身体接触会传达心中的爱意 / 137
让对自己有好感的人心跳加速 / 139
培养共同点，提高亲密感 / 141

第七章 心理吸引术：让别人无法拒绝你
恋爱男女的心理秘密 / 146
看待异性的眼光，时时都会变 / 147
性格不同也能缔结美好的姻缘 / 148
人以群分，俊男配美女 / 150
长相出众的人人气较高 / 153
诱惑的时候适合穿红衣服 / 155
饥饿时丰满的女性更受青睐 / 158

第八章 心理魅力术：世界上最贵的礼仪课
打造社交场上魅力型男 / 162

女人，因可爱而美丽 / 163
守信用是礼仪的重要准则 / 165
在握手中彰显优雅的风范 / 167
馈赠的礼节：礼轻情意重 / 172
礼物代表你的心：送礼要真心 / 173

第九章 心理掌控术：平衡工作与生活
掌握名片效应，缩小心理距离 / 176
荣耀给别人，独自贪功最愚蠢 / 178
成为办公室人见人爱的同事 / 182
使下属感受到领导的温暖 / 185
把难管理的员工聚在一起 / 188
激励员工事半功倍 / 191

第十章 心理说服术：用非暴力沟通拉近关系
赞美赞得他心花怒放 / 196
会说话的人是幽默的人 / 198
说话含蓄让人回味无穷 / 201
说服一个人要循序渐进 / 204
给别人留下说话的机会 / 207
征服人心的口才定律 / 212

第一章

心理投射术：影响你想影响的人

通过观察交际圈来了解对方

很多时候，我们可以从对方的交际圈中看出对方的为人、品性、身份地位、层次背景，甚至是其内心世界。他经常与什么人交往，与哪些人打交道，与哪类人接触，往往能反映出他是个什么样的人。

有个人要买驴，但不知那头驴的品性，就先牵来试用两天。

他把驴牵到自家牲口棚，和已有的三头驴系在一起。这三头驴，一头勤快，一头懒惰，一头善于讨好，人人对此了解得一清二楚。

这新买的驴子被牵回家后，不和别的驴子站在一起，只走到那头好吃懒做的驴子旁边。买驴人见状，二话没说，马上又牵着这头驴子回到市场上去。

“你还没有好好试试呢。”卖驴的人说。

“不必再试了。”买驴的人回答说，“现在我知道它是一头什么样的驴了。”

有一句俗话：“近朱者赤，近墨者黑。”意思是接近朱砂（红色的物质）的会变红，接近墨（黑色的物质）的会变黑，在心理学上，这种现象被称为链状效应，它是指人在成长中的相互影响作用。

我们每个人都生活在同一个世界上，居住在同一个地球村里。人与人之间总是会存在某种程度上的交往，或在不同的环境中，或在不同的时间、空间下。我们从出生到死亡，都在不停地与人接触，与人打交道，与人交往。总有自己的朋友，有些是兴趣相投，有些是个性相合，有些是性格互补，有些是利益共生，有些是酒肉朋友……

一个整天和街头地痞小混混为伍，吃喝玩乐，酗酒打架，收保护费的人，通常情况下，就是个恶习满身的小痞子。或许他有一颗善良的心，但是经常在这种不良环境中行走，除非有颗坚韧的心，否则很可能就会丧失本来具有的多种好品性、好习惯，成为人人见了都要躲避的小恶霸。

不是人人都像《无间道》里的梁朝伟，在黑道混几年，和地痞、流氓、毒贩、走私犯在一起，打架、酗酒、抽烟、赌博，还能保持自己的本色——“我是一名警察”。他经常失眠，因为他这一丝正义的心和他的日常生活的环境、所作所为有着巨大的差异。

他也因为经常打架，已经有了暴力伤人的习惯或者说内心欲望，不能自控。可见，经常接触什么人，做什么事，对一个人的影响有多大。

我们所见到的更多的情况是，很多人在不良环境的影响下，在不良朋友的带动下，慢慢沉沦，走上歧途。吸毒的朋友迟早要让你染上毒瘾，嫖娼的朋友终会诱使你嫖妓，打架斗殴的朋友渐渐地会让你习惯于打架，巧取豪夺、奸诈的朋友会让你变得更阴险、不择手段。

而一个长时间生活在良好正统的环境下的人，受过良好教育，有着温暖家庭；整天和善良的、有涵养、有品位的人打交道的人，他本身就处在一个秩序井然、明朗阳光的环境中，他和他的朋友之间进行相互学习，成为一个善良、忠厚、有素养、有爱心的人。

经常和单纯善良的人在一起，你也会变得单纯而善良；经常和有文化的人在一起，你也会受到感染，不知不觉中提升自己的知识素养。

我们随着岁月的打磨，逐渐形成了自己的交际圈，在这个圈子里，大家都共生在一条链子上，总是相互连接。如果一个人经常和善良、正直、纯真的人在一起，那他应该是一个善良正义的人；如果他经常和狡诈阴险的人在一起，那他应该也是一个恶毒的小人。

如果他经常和爱拍马屁的人在一起，他应该是一个爱慕虚荣的人；如果他经常和处事果断、有魄力的强人在一起，那他应该是一个头脑清醒、有远见的人。

看他身边的朋友，看他经常接触的人，通常情况下，我们就能判断出他是什么人，他的秉性风格、趣味爱好、身份地位、受教育程度、素养……这就是常说的“人以类聚，物以群分”“道不同，不相为谋”。从一个人结交的朋友中，可以折射出这是一个什么样的人。而日常接触的朋友圈子，对人的一生有着重要的影响，它不仅能改变一个人的习性，还能改变一个人的内心。

用热情感染周围的每一个人

犹太学者阿尔伯特·呼巴德曾说：“没有一件伟大的事情不是由热情所促成的。”好的母亲与伟大的母亲，好的演说家与伟大的演说家，好的推销员与伟大的推销员之间的差别，时常就在于有无热情。

卡耐基的办公室和家里都挂着一块牌匾，麦克阿瑟将军在南太平洋指挥盟军的时候，办公室里也挂着一块牌匾，他们两人的牌匾上写着同样的座右铭：

你有信仰就年轻，疑惑就年老；

你自信就年轻，畏惧就年老；

你有希望就年轻，绝望就年老；

岁月使你皮肤起皱，但是失去快乐和热情，就损伤了灵魂。

这是对热情最好的赞词。

如果能培养并发挥热情的特性，那么，无论你是个挖土工还是大老板，你都会认为自己的工作是快乐的，并对它怀着深切的兴趣。无论多么困难，需要多少努力，你都会不急不躁地去进行，并做好想做的每一件事情。

热情对于有才能的人是重要的，而对于普通人，它的作用却不仅仅是重要。它可能是你生命运转中最伟大的力量，使你获得许多你想要的东西。

热情不是一个空洞的词，它是一种巨大的力量。热情和人的关系如同蒸汽机和火车头的关系，它是人生主要的推动力，也是一个普通人想要生活好、工作好的最关键的心态。

或许你总是在想自己是一个各方面能力都很一般的人，经常用“我是一个普通人”的借口来原谅自己。假如你有这样的想法，那么你就要小心了，这样的心态会使你在还没有努力之前就已经失败，它是阻碍你获得幸福的最大障碍，使你与成功和金钱之间隔了一道厚厚的墙。

只要你确立的目标是合理的，并且努力去做个热情积极的人，那么你做任何事都会有所收获。

热情的心态可以补充精力的不足，发展坚强的个性。有些人很幸运，天生就是个乐观向上的人，而有些人却需要后天培养来获得。

培养良好的心态并不难，首先要选择你最喜欢的工作和最向往的事业。如果由于种种原因，你不能从事你喜欢的工作，那就把你想做的工作当作未来的目标吧。

热情能培养信心。

爱德华·亚皮尔顿是一位物理学家，发明了雷达和无线电报，获得过诺贝尔奖。《时代》杂志曾经引用他的一句话：“我认为，一个人想在科学研究上取得成就，热情的态度远比专门知识更重要。”

这句话若是出于普通人之口，可能不会被人重视，但出自于成功者之口，那就意义深远了。既然对从事严谨科学研究的成功者来说，热情是那么重要，那么对从事一般工作的普通人来讲，热情岂不更应该占有更重要的位置？

别轻易说“你错了”

当我们犯了错误时，并非意识不到犯了错误，只是顽固地不肯承认而已。所以，当你对一个人说“你错了”时，必然会撞在他固执的墙上。

我们多数人都具有武断、固执、嫉妒、猜忌、恐惧和傲慢等缺点，所以我们很难向别人承认自己的错误。

而且，一个人说错话或者做错事，总是有原因的，所以我们即使明知自己错了，也会强调客观原因，认为错得有理。

正如罗宾森教授在他的《下决心的过程》中所说：“我们有时会在毫无抗拒或热情淹没的情形下改变自己的想法，但是如果有人说我们错了，反而会使我们迁怒对方，更固执己见。我们会毫无根据地形成自己的想法，但如果有人不同意我们的想法时，反而会全心全意地维护我们的想法。显然不是那些想法对我们珍贵，而是我们的自尊心受到了威胁……‘我的’这个简单的词，是做人处世的关系中最重要的，妥善运用这两个字才是智慧之源。不论说‘我的’晚餐，‘我的’狗，‘我的’房子，‘我的’父亲，‘我的’国家或‘我的’上帝，都具备相同的力量。我们不但不喜欢说我的表不准，或我的车太破旧，也讨厌别人纠正我们对火车的知识……我们愿意继续相信以往惯于相信的事，而如果我们所相信的事遭到了怀疑，我们就会找借口为自己的信念辩护。结果呢，多数我们所谓的推理，变成找借口来继续相信我们早已相信的事物。”

有一位先生，请一位室内设计师为他的居所布置一些窗帘。当账单送来时，他大吃一惊，意识到在价钱上吃了很大的亏。

过了几天，一位朋友来看他。问起那些窗帘时，说：“什么？太过分了。我看他占了你的便宜。”

这位先生却不肯承认自己做了一桩错误的交易，他辩解说：“一分钱一分货，贵有贵的价值，你不可能用便宜的价钱买到高品质又有艺术品位的东西……”

结果，他们为此事争论了一个下午，最后不欢而散。

当我们不愿承认自己错了的时候，完全是情绪作用，跟事情本身已经没有关系。当我们错的时候，也许会对自己承认。如果对方处理得很巧妙而且和善可亲，我们也会对别人承认，甚至以自己的坦白直率而自豪。但如果有人想把难以下咽的事实硬塞进我们的食道，那我们是绝对不肯接受的。

既然我们自己是这种习性，那么就可以理解别人也具有同样的习性，因此不要把所谓的“正确”硬塞给他。

有一个汽车代理商，在处理顾客的抱怨时，常常冷酷无情，不肯承认是自己的错误，总想证明问题的根源是顾客在某些方面犯了错误。结果，他每天陷于争吵和官司纠纷中，心情一天比一天坏，生意也大不如以前。

后来，他改变了处理客户抱怨的办法。当顾客投诉时，他首先说：“我们确实犯了不少错误，真是不好意思。关于你的车子，我们有什么做得不合理的地方，请你告诉我。”这个办法很快使顾客解除武装，由情绪对抗变成理智协商，于是事情就容易解决了。如此一来，这个代理商就能轻松地处理每一件事情，生意也越来越好。

当我们说对方错了的时候，他的反应常让我们头疼，而当我们承认自己也许错了时，就绝不会有这样的麻烦。这样做，不但会避免所有的争执，而且可以使对方跟你一样地宽宏大度，承认他也可能弄错。

古埃及阿克图国王在一次酒宴中对他的儿子说：“圆滑一点，它可使你予求予取。”

不要对别人的错误过于敏感，不要执着于所谓正确的意见，不要轻易刺激任何人。如果你要使别人同意你，应当牢记的一句话就是：“尊重别人的意见，永远别说‘你错了’。”

尊重他人会获得他人尊重

人都是有自尊的，都渴望获得他人的尊重。大而言之，在社会阶层中，小而言之，在一个团队中，只有收入高低、分工不同的区别，但绝对没有人格的贵贱之分。扪心自问：“我需要别人的理解和尊重吗？”同样，这也正是别人都需要的。聪明的人就要先理解和尊重别人。

有位企业老板一次批评他的女秘书：“你这件衣服很漂亮，你真是一个迷人的小姐。只是我希望你打印文件时注意一下标点符号，让你打的文件像你一样可爱。”女秘书对这次老板批评自己的印象非常深刻，从此打印文件很少出错。

这位老板算得上是一位聪明的人了，说话如此委婉、客气，是他拥有好修养、好气度的体现。假如他换一种盛气凌人的口吻呵斥：“你怎么工作的？连标点符号都搞不清楚，亏你还是大学生呢！”只能让下属委屈，反而达不到纠正对方错误的目的。

有人说的话立足点和出发点本来是不错的，但由于说话时不尊重对方，因而导致无谓的误解和争端。

人的心灵就像花朵，开放时会承受柔润的露珠，闭合时会抵御狂风暴雨。我们规劝别人，实际上就是让他的心灵开放。但是，被规劝的人往往用闭合来抵御我们的语言，因为他并不知道我们送的是雨露，而只知道怎样保护他的自尊心。所以，要想不损伤他的自尊心，尊重别人是至关重要的。

一般来讲，我们规劝别人很容易使自己站在比别人高的位置上。而本质上，也确实比别人高，因为你觉得你的观点比别人的观点正确，这才能劝人；如果觉得比别人低，那就表明你的观点不正确，或者对自己的观点不自信，那还去劝什么人呢？因此，劝人的人实际上的位置应该是高的，但这种高，在劝人时是不能表现出来的，只能摆在和被劝人平等的位置上，这不是虚伪，而是方法上的需要。只有当被劝人觉得你尊重他了，设身处地在为他着想，他才能认真考虑你说的话，才能把心扉打开，才有可能达到劝说的目的。相反，你自恃自己有理，说得对，把位置摆得高高在上，甚至不注意语言的表达方式，一派批评人的口气，势必引起被批评人的反感，因为你没有尊重他，他会想出各种办法来对付你，使你不但没有达到规劝的目的，还生出一肚子气。如果他迫于某种压力或其他因素，而屈服于你的批评，口头上也许承认自己错了，内心深处还是不会听你的。

有一个老师在课堂上提问学生的例子：

老师："请张丽同学回答问题。"

张丽："我不回答。"

老师："张丽同学，你既然不回答我的问题，必定有原因。你能告诉我是什么原因吗？既然你不肯说明，那让我分析一下：是不是我有什么地方做得不好，不能为人师表，不能让同学们信服，甚至玷污了人民教师的光荣称号，才使你这样呢？"

张丽："老师，没有，没有的事。"

老师："既然我还称职，我想你也不是有意让我难堪。那么，让我猜测一下你是怎么想的吧。我认为，不外乎三种情况：第一，可能是我的启发式教学搞得不得当，问题提得过于浅薄，引不起你的兴趣，你不屑于回答，是这样吗？"

张丽："不，不是。"

老师："第二，是你能回答这个问题，但不想回答。如果是这样，你现在回答也不迟。"

张丽："我……我……"

老师："第三种情况可能是你不会回答，但又碍于情面，不肯承认自己不会回答的现实，忽然一时糊涂，想以强硬的态度搪塞过去。但我为什么要这样认真呢？我实在不愿看到你交不上答卷呀。”

张丽：“老师，您……您别说了……请告诉我这个问题该怎么回答……”

这位老师尊重自己的学生，并心平气和地耐心引导，消除了学生反感的情绪，终于打开心扉。

试想，如果这位老师居高临下，不管青红皂白，一通批评，学生的抵触情绪会更大，不会轻易地认错的，因为她失了面子，老师势必没有达到规劝的目的，甚至可能连课也没法继续上下去了。

表达出你的喜爱之情

一天，妻子请她的丈夫讲出自己的六个缺点，以便成为更好的妻子。他想了想说：“让我想一想，明天早晨再告诉你。”第二天一大早，他来到鲜花店，请花店给妻子送六朵玫瑰，并附上一个纸条：“我实在想不出你需要改变的六个缺点，我就爱你现在这个样子。”当他晚上回到家时，妻子站在门口迎接他，她感动得几乎要流泪。

人都有一些自恋，也就是喜欢自己。这个世界上，你最爱的人是谁？恐怕大部分人都会回答是自己。人们都把自己当成世界的中心，把自己作为衡量一切的标准。

这符合人的自我中心的本性。如果别人喜欢我们，就比较容易赢得我们的喜欢，而不管他客观上是怎样的人。

看看你身边的人，你想过你喜欢的人通常具有哪些特征吗？你喜欢他们，是因为他们漂亮吗？还是因为他们聪明？或者是因为他们有钱？有社会地位？

心理学研究表明，我们通常喜欢的人，是那些也喜欢我们的人。他不一定很漂亮，或很聪明，或者很有社会地位，仅仅是因为他很喜欢我们，我们也就很喜欢他们。这个规律叫作相互吸引定律。

那么，我们为什么会喜欢那些喜欢我们的人呢？因为喜欢我们的人使我们体验到愉快的情绪，一想起他们，就会想起和他们交往时所拥有的快乐，使我们一看到他们，自然就有了好心情。而且，那些喜欢我们的人使我们受尊重的需要得到了满足。因为他人对自己的喜欢，是对自己的肯定、赏识，表明自己对他人或者对社会是有价值的。

这就是为什么很多人都会说："我宁愿选择喜欢我的人，也不要选择我喜欢的人。"人都有惰性，无休止的付出却得不到回报对每个人来说，都是一件极其痛苦的事情。而和喜欢自己的人在一起，就会感到非常轻松快乐，因为他时时刻刻都在用心地对待你，让你开心，把你放在心上，你会有一种被重视的感觉。

有些人很善于利用这个心理定律赢得别人的好感：为了得到别人的认可，就表现出喜欢对方的样子。

比如推销员，他每天要面对许多从未谋面的人，他也许并不了解那些人，但是，他必须表现出对对方的喜欢，这是为了让对方也喜欢他、接受他，他的生意才好做。

可以说，这个规律在社交场中很具有实用价值。这是赢得别人好感的捷径。你可以经常表现出对别人的兴趣，这就表明你对他有好感，就会很容易赢得他同样的情感回报。

回想一下我们自己，当别人表达出对我们喜爱的时候，我们是不是会有一种莫名其妙的欣喜？我们会不自觉地对他有着更深的印象，有着更好的感觉，甚至会不自觉地对他也产生好感。

这种心理规律，在某种程度上，也和人们缺乏自信有关。一个人如果自我尊重程度较强，较为自信，那么别人表示出来的对他的喜欢和赞扬，对他的影响就不是很大，人际吸引的相互性原则对他的作用也就不是很大。而那些具有较低自我尊重的人，往往不喜欢那些给他们否定性评价的人，因为他们极不自信，所以特别需要别人的肯定，特别看重别人表达对自己的喜欢。

有很多这样的情况，就是两个人的相互喜欢是由一个人对另一个人单方面喜欢开始的。比如一个女孩开始时对一个男孩并没有多少好感，但是这个男孩子表现出了对她特别喜欢的态度，久而久之，这个女孩也对这个男孩动心了，最后接受了他的追求。

有一个小伙子固执地爱上了一个商人的女儿，但姑娘始终拒绝正眼看他，因为他是个古怪可笑的驼子。这天，小伙子找到姑娘，鼓足勇气问："你相信姻缘天注定吗？"

姑娘眼睛盯着天花板答了一句："相信。"然后反问他，"你相信吗？"

小伙子回答：“我听说，每个男孩出生之前，上帝便会告诉他，将来要娶的是哪一个女孩。我出生的时候，未来的新娘便已经配给我了。上帝还告诉我，我的新娘是个驼子。我当时向上帝恳求：‘上帝啊，一个驼背的妇女将是个悲剧，求你把驼背赐给我，再将美貌留给我的新娘。’”

姑娘看着小伙子的眼睛，把手伸向他，之后成了他挚爱的妻子。

增加彼此见面的次数

有一位著名的心理学家查荣茨做过这样一个实验：先向被试验者出示一些照片，有的出现了二十多次，有的出现了十多次，有的只出现了一两次，然后请被试验者评价对照片的喜爱程度。结果发现，被试验者更喜欢那些看过很多次的熟悉照片，而非那些只看过几次的新鲜照片，也就是说，看的次数增加了喜欢的程度。

这种对越熟悉的东西就越喜欢的现象，心理学上称为多看效应。

人的心既坚强又柔弱，是一个很奇妙的存在体。有些感情因素，比如喜欢，会在不知不觉的接触中产生。接触频率，或者说见面次数越多，喜欢的程度就越深。

有社会心理学家为了证明这个效应，曾做过一个实验：在一所大学的女生宿舍楼里，他们随机找了几个寝室，发给她们不同口味的饮料，然后要求这几个寝室的女生，可以以品尝饮料为理由，在这些寝室间互相走动，但见面时不得交谈。一段时间后，心理学家评价她们之间熟悉和喜欢的程度。结果发现：见面的次数越多，相互喜欢的程度就越大；见面的次数很少或根本没有，相互喜欢的程度也较低。

闭上眼睛，仔细回想一下，我们对有些人的印象一般，但是随着经常的接触，是不是会越看越顺眼，甚至会越来越喜欢？

有些人我们第一次可能觉得她不漂亮，不温柔，不是自己喜欢的类型。但是天天见，时间长了，是不是也会越看越觉得她很漂亮、可爱？

聪聪、小华和明明三个人在高中是同一个班，彼此都是很好的朋友。但是高考之后，聪聪和小华都考到了同一所大学读书，而明明则考到了另一座城市的一所大学里上学。聪聪和小华几乎每个星期都会碰面四五次，有时是相约一起出去玩，有时是一起吃个饭，有时是在校园巧遇。明明在新学校也结识了许多自己的新朋友，和聪聪、小华则是只在寒暑假才在家乡见面，一起开心地玩几天。结果很显然，虽然他们三人还是好朋友，但是不知不觉中，聪聪和小华的关系更加亲密，而与明明则有些莫名其妙的生疏。

若想增强人际吸引力，就要留心提高自己在别人面前的熟悉度。

当一个男生喜欢一个女生的时候，就可以时不时地故意制造见面的机会。假如她经常去某个教室上自习，你就故意也在那个时间点去那个教室上自习。“嗨，这么巧，你也来这儿上自习呀！”并想尽办法坐得离她近点儿。

试想，你每天都这样见到她，在她旁边学习，就有机会了，所谓“近水楼台先得月”，你再时不时地和她探讨一下问题，送她回家或寝室，她对你的印象会越来越深，很可能会不知不觉地就喜欢上你。

假如你想得到领导的重视和赏识，你就有必要经常向领导汇报工作。工作一开始，就要先汇报；工作进行到一定阶段，要按时汇报；进行到一定程度，要及时汇报；工作完成，要立即汇报。这样，经常性地汇报，与领导接触的机会就多了，见面的次数也多了，让领导了解你的机会也多了，与领导越熟悉，领导越有可能喜欢你，这样，提拔你的可能性就大了。不管成不成，混个脸熟，机会总要大些。

如果我们想与某人建立良好的关系，就不妨多找机会和他见面。

把别人放在心窝里

不需要怀疑，人最关注的就是自己。所以，你要想让别人喜欢你，就对别人多一些关心。

有一家餐厅，一群人坐着聊天，恰巧到了餐厅员工下班的点儿了，有位服务员推自行车时，不小心摔了一下，只见经理快速起身跑了过去，扶起那位服务员，关切地问：“摔伤了吗？要不要去医院看看？”服务员回答：“不用。”“你看腿都摔破皮了，去餐厅搽点药，歇歇再走吧。”经理小心地扶着她回到餐厅，然后就去找药，找到药后，又亲手替服务员擦上，还对她说：“如果不舒服，下午就不用来上班了，工资照发。”那位服务员连声说：“不用，不用。”这种做法比发几百元奖金更能赢得这位服务员对工作的热爱。

对小事的处理能反映人的素质。上班时，大家相互见面打个招呼，问一声：“身体好了吗？要不要再多休息几天？”或者：“家里的事解决了吗？要不要帮忙？”这种简短的问话就能温暖人心。

有些人和同事、熟人、朋友许久没见面了，但见了面后，却仍然还像平时一样，这样岂不令人伤心？试想，如果你许久没上班，上班后别人见到你没有任何特别的表示，你心里一定会有这种感觉：我这么久没来上班，原来他们还不知道，我在他们眼里太不重要了。既然你有这样的感觉，别人也一样。下次你遇见许久没见的朋友时，别忘了用惊讶、亲热的语气表达你的问候：“好久没见你了，干什么去了？”或：“好久没见了，真有些想你。”

关心别人，意味着被他的兴趣所吸引，为他的高兴而高兴，因他的担忧而担忧。一个人只要对别人真心感兴趣，他必将赢得真正的友情，必将在需要帮助的时候获得别人毫不犹豫的帮助。要知道，每个人都觉得自己很重要！或者说，每个人都希望被别人认为很重要。如果对方感觉到他在你心目中很重要，他一定会对你产生好感——没有人会讨厌一个喜欢自己、尊重自己的人。

有些人自视甚高，他们觉得自己很重要，却忘了别人也需要这种感觉。他们在不经意间流露出对别人的轻视，于是受到大家的疏远。只有使别人产生重要的感觉，你才会受到他们的欢迎。

如何使对方产生重要的感觉呢？礼貌上的尊重是毫无疑问的，关键是你要把他放在心上，同时还可以采用一些让人产生好感的方法，比如：

关心对方关心的事。他关心自己的利益，关心自己的健康，关心自己的家人……你只要对他的利益、他的健康、他的家人……表现出足够的关心，他就会把你当成自己人。

欣赏对方欣赏的事。他欣赏自己的成就，欣赏自己的能力，欣赏自己的风度……你只要对他的成就、他的能力、他的风度……表现出你真诚欣赏，他一定会欣赏你，把你当成难得的知音。

请教对方擅长的事。自己不懂的问题，不清楚的事情，不妨向对方求教，既可增长见识，又能得到对方好感，何乐而不为？

“你以怎样的态度对待别人，别人也会以怎样的态度对待你。”这是成功学家拿破仑·希尔的一句名言。

你轻视一个人，你就不会把他放在心上，对他的一切都漠不关心；你重视一个人，你就会关心他的感受，关心他所处的状况。当他感受到你的轻视或重视后，也会报以同样的态度。当你想改善和巩固跟某个人的关系时，把他放在心上，无疑是一条捷径。

美国前国务卿奥尔布赖特曾是BON电影公司的公关部经

理。她面临着巨大的职业挑战，同时又必须面对许多现实的东西，像人际关系的处理，家庭生活的和谐等，但她巧妙地使这些烦琐的事情顺畅起来。

比如，她的下属总会在某一个繁忙的下午突然收到一张上面写着“你辛苦啦”“你干得非常出色”之类的小卡片或一张精致典雅的卡片；而在她丈夫生日的那一天，她总会努力举办一个家庭小舞会，而且是一个人事先布置好。就这样，在繁忙工作的间隙，她并没有花太多的时间，却给他人送去了一份又一份快乐。

她对这一做法，饶有兴趣地解释：“大家的生活节奏都那么快，大部分人都忘了一些最基本的问候，都认为这些是无足轻重的小细节。其实正是这些细小的方面使人与人之间的情感变得不那么紧张，那我就想：为什么我不能做得更好些呢？”

她又说：“一份小小的问候就能体现出一个人的真挚和诚意，使他人感到温暖。人与人之间渴望沟通和交流，而这些细小的方面是最能体现出你的那一份心意的。这是对我个人形象、风度的一个最佳传播，当他们看到那张卡片的时候，就一定会想起我，而且在他们心中隐含着对我的那一份谢意，会使他们更认为我是一个完美无缺的人，他们总会想到我好的地方，不会注意我的缺陷。”

显然，奥尔布赖特的这一番言论有许多值得我们借鉴的地方，人与人的关系不一定在大事中才能体现出来，在日常生活的琐碎小事之中更能体现你的友善。

既懂得工作的重要，又深信生活的乐趣，随时把心中最真诚的愉悦带给大家，这正是处理人际关系的要诀。

维也纳著名心理学家亚佛·亚德勒，写过一本叫作《人生对你的意识》的书。在那本书中，他说："不对别人感兴趣的人，他一生中的困难最多，对别人的伤害也最大。所有人类的失败，都出自于这种人。"亚德勒这句话真是意味深长。

生活中的很多问题，就是因为一方不把另一方放在心上或者双方互相不把对方放在心上而引起的，种种仇视和敌意也因此而生，并带来数不清的麻烦。如果每个人都对别人多一份关注，多一份重视，人与人之间将变得更加温馨和谐。

雪中送炭温暖人心

俗话说："不惜钱者有人爱，不惜力者有人敬。"让他人受益，能让人喜欢，但是，雪中送炭却能给人留下更深的印象，能让你获得忠诚和情义。

鲁肃和周瑜是两个著名的历史人物，他俩在同朝为官之前，还有一段鲜为人知的故事：

三国争霸之前，周瑜并不得意。他曾在军阀袁术部下当了一个小小的居巢长，也就相当于一个小县的县令罢了。

这时候地方上闹饥荒，年成不好，粮食问题日渐严峻起来。居巢的百姓没有粮食吃，活活饿死了不少人，军队也饿得失去了战斗力。周瑜作为父母官，看到这悲惨情形，急得心慌意乱，却不知如何是好。

有人献计，说附近有个乐善好施的财主鲁肃，他家素来富裕，想必囤积了不少粮食，不如去向他借。

周瑜带上人马登门拜访鲁肃，寒暄过后，周瑜就直接说："不瞒老兄，小弟此次造访，是想借点粮食。"

鲁肃一看周瑜仪表不凡，定是大器之才，有心结交，于是哈哈大笑说："此乃区区小事，我答应就是。"

鲁肃亲自带周瑜去查看粮仓。当时鲁家存有两仓粮食，各3000斤，鲁肃痛快地说："也别提什么借不借的，我把其中一仓送与你好了。"

周瑜及其手下一听他如此慷慨大方，都愣住了。要知道，在饥馑之年，粮食就是生命啊！周瑜被鲁肃的言行深深感动了，两人就此交上了朋友。

后来周瑜当上了将军，他不忘鲁肃的恩德，将他推荐给孙权，鲁肃终于得到了干大事业的机会。

濒临饿死时送一个萝卜和富贵时送一座金山，就内心感受来说，完全不一样。前者是急需之物，能够解决生死大事，无疑更让人感激于心。

汽车界的经营奇才亚柯卡曾说："所谓经营，无非是一种人际关系的网络而已。"

其实，不管是经营事业，还是经营人生，都不过是一种人际关系的网络。你把人际关系搞得好，到处有人相助，自然成功。大凡成功人士，都善于放"人情债"，到处播撒人情的种子，这是他们人际关系畅通、事业有成的一个重要原因。

乌井信治郎是日本桑得利公司的董事长，深受部下爱戴，员工都称呼他“父亲”，因为他对部下的关怀确实犹如慈父般温暖。员工有困难，乌井总是尽心尽力地关怀帮助，就像父亲对待自己的儿女一样。

有一次，新职员作田的父亲不幸去世。他不想让同事知道他家有丧事，以免麻烦人家。但在出殡当天，乌井率领桑得利的全体员工到殡仪馆帮忙。他还像死者的亲属一样，站在签到处，对前来祭拜的人一一磕头答礼。

丧礼结束后，乌井对作田说：“没有车子，你和伯母如何回家呢？”说完，立刻跑去叫了一辆计程车，亲自送作田和他的母亲回家。

后来，作田当上主管后，常对部下提起此事，并说：“从那时起，我就下定决心，为了老板，即使牺牲性命，也在所不惜！”

世界上任何重要的事情，都是人的事情，只要把人打理好了，则无事不成。

你种下人情，将收获成倍的人情。而雪中送炭显然是一颗人情的良种，必将使你收获人情的硕果。

第二章

心理认同术：和谁在一起很重要

日常生活中的行为是如何产生的

大家来想象一下，如果有一天世界上大部分的人都消失了，偌大的地球上只有自己一个人或者只有几个人，那么，你在这样的状况下会怎样生活下去呢？你还会像往常一样早早起床、洗漱、打扮，然后专心研究学问，努力进行自我开发吗？换句话说，即使没有了你所认为的大企业中那些很了不起的人的存在，你也会为了进入大企业工作而想尽各种办法吗？即使漂亮、帅气的外形已经失去了欣赏者，你也会毅然地躺到整形手术台上吗？如果世界上不再有认可我们成就的人存在，我们依然会像现在一样努力地生活吗？

心理学家们认为，无论出于有意识或无意识，我们日常生活中的任何行为都是因为意识到他人存在而产生的。

如果他人不存在的话，洗脸、刷牙、梳头等行为就不会像现在这样频繁了。不仅如此，如果没有他们的注视，我们为了取得成功而付出的努力就很难持续下去。

比如说，有些人为了成为有钱人，努力工作，勤俭节约，而这些行为的原动力，比起金钱本身，更多的在于名誉和他人投来的尊敬的目光。如果积累的财富越多，就越容易招致世人的无视和贬低的话，人们就不会像现在这样渴望财富了。再比如，假设世界上所有的人都不再喜欢音乐了，这样一来，不管生活在这个世界上的人多么有音乐才华，他们还能够通过音乐活动感受到快乐，实现自我价值吗？那应该是很困难的。

天才般的才能也是如此。让我们假设你具有可以把文字左右调转过来书写的才能，而且为了把这种书写方法教给别人，你还编写了三本书。这很明显是一种独一无二的伟大才能。但是，你写的书一本都没有卖出去，没有人对你的才能感兴趣。如果结果是这样，你还会对自己的这项才能感到满足吗？说得再残酷一些，任何人都不知道的才能被称为“才能”的可能性是非常小的。才能只有得到人们的认可，被人们需要，才可以发挥出它的真正价值。这就像在丛林深处生活的原始部落的人认为，擅长狩猎，善于在没有任何路标的丛林中寻找出路的人要比擅长解答数学问题的人更聪明。

综上所述，得到他人的认可是促使我们的生活向前发展的最重要的动力之一。

从洗漱这样的日常小事到可以称为人生目标的重要事情，一切都是因为有他人的存在才会发生。这就是说我们都是为了得到他人的认可才如此努力地生活。

让人选择群居的最佳手段

我们人类是比较弱小的动物，力量不强，速度也一般，成长到可以完全独立的程度也需要很长的时间。总之，人类是非常不适合独自生存的动物。所以大自然为这种弱小的动物提供了一种名为“群居”的生存战略。而实现这种战略的最轻松的方法便是运用“隶属需求”。人类这一物种天生无法忍受独处，只有得到他人爱戴和认可时才会感受到幸福。

在这种欲望的作用下，人会自然而然地想到“今天也要多在乎周边的人”，就算有人提议，“如果能在与世隔绝的房间里生活一辈子，一个人就会被奖赏百亿”，我们也会想方设法与他人过群居生活。所以给人类附上隶属需求才是让人选择群居的最佳手段。

心理学家经常提到的“人是社会性的动物”正是这种含义。这不单单说明人是形成社会的动物。为了生存而追求他人的认可，渴望被别人接纳，所以才会在乎他人的眼光，做出迎合他人的举动，这才是真正的社会性动物。因此作为社会性动物的人类会时时刻刻留意他人的需求和他人的想法。即便如此，人们还是会经常抱怨“知人知面不知心”，一旦得不到他人的认可或被无视，就会感到伤心甚至愤怒。不擅长解数学题的人一般不会受到异样的注视，但那些天才的数学家如果出现自闭症状，就会被诊断出问题来。

就这样，身为社会性动物的我们在隶属需求本能的作用下自然地集聚到一块儿生活，并且具备了为了适应社会生活所必需的各种能力（看他人脸色，调节情绪等）。然而，另一方面，我们也承受着很多痛苦。有些人过分在乎别人的目光，甚至失去了自我；还有些人因被他人拒绝而陷入孤立的境地，感到很孤独。正因为如此，萨特才会说：“他人即地狱。”

正因为人类是社会性动物，人类才会产生特有的烦恼。接下来就让我们了解一下这些内容吧。隶属需求和由其引发的各种事情能够帮助我们理解人类这种动物。若想更好地理解自我和他人，就有必要了解这些内容。

被人孤立是一种痛苦的感受

这个世界上有很多人的口头禅是“孤独是我的朋友”。此时此刻，有不少人在寻找能帮助他们摆脱寂寞的姻缘，不断地要求周边的人给自己介绍对象，还不时把始终无法发送给前任的短信写了又删，删了又写。寂寞每天都会降临数十次。

正如无数的音乐和艺术作品所表达的那样，孤独感是对我们人类影响最大的情绪之一。在孤独感的作用下，人们会纷纷出门寻找能够安抚自己内心寂寞的人；而如果情况比较严重的话，有些人甚至会因此结束自己的生命。

据最新统计，美国有6000万人（约为总人口的20%）饱受着孤独感带来的痛苦。这样的结果多少让人有些吃惊。

即便如此，这个世界仿佛还是不会正视孤独感的存在。俗话说，知己知彼，方能百战不殆。我们到底为什么会感到孤独？孤独会给我们带来多大的痛苦？我们该如何应对？

有些人甚至会因为孤独选择自杀。比如说，一些长期被同学排斥的学生会选择自杀这一极端的手段。我们可能会问：仅仅因为孤独就选择放弃生命是不是有些夸张？实际上，只要是曾经有过在一个集体中被孤立的人，只要是感受过那种孤独感的人，就肯定能够理解这是一种多大的痛苦。

大多数人可能有过这样的经历：

几个朋友聚在一起讨论一部电视剧，而你连一集都没看过，所以没办法搭上话。虽然这并不是一件重要的事情，但是你感受到了孤立感，心情不大愉快。有过这种经历之后，你便开始刻意去看周围的人常看的电视剧和电视节目，还努力去了解最流行的话题。

吉卜林·威廉姆斯曾与同事们完成一项实验（见下图）。这项实验有三名参与者，主要内容是相互传球、接球。其中，两个人之间会经常互相传球，第三个人几乎拿不到球。如此一来，第三个人身上会出现什么状况呢？

被孤立的人（拿不到球的人）首先会感到愤怒，不久之后，便会变得非常消极。他不仅情绪会迅速低落，甚至会对自己所具有的价值产生怀疑，从而导致自尊心受挫。除此之外，他按照自己的意愿处理事情的统治感也会下降。这种统治感也是过度自信（毫无根据的自信心或非现实的统治感）的源泉。而一旦产生孤立感，我们就会失去给我们人生注入乐趣的过度自信。

情况进一步严重的话，我们就会自问："我到底有没有存在的价值？"越想就会变得越抑郁，最终演化成存在论问题。

左图：没有人遭受孤立的状况　右图：中间的人被孤立的状况

简单的抛球游戏也能让人感到严重的孤立感。

实验中的对象（初次见面的实验参与者）明明不是朋友或家人等对自己的人生具有重要意义的人，所处的环境（实验室）也不是学校或公司等自己的主要生活领域，可是人们仍会（因在简单的抛球游戏实验中被孤立）遭受各种心理打击。而更让人意外的是，让一个人开始怀疑自身存在感仅仅需要2～3分钟的短暂时间。

就算不是亲身体验，在脑中假想抛球游戏中被孤立也会得到相同的结果。

除此之外，只要有人不愿意和自己在一起，或者一想到今后不得不一个人生活，人就会变得格外消沉，甚至丧失自尊心。

短短2～3分钟的游戏带来的孤立感对人的心理就产生如此大的影响，可想而知，长期以来被朋友或职场同事等重要的人排斥是一件多么痛苦的事情。

我们的大脑被称为“社会性大脑”，提取与他人相关信息的功能非常发达，可以无意识地敏感应对他人的目光、面部表情等信息。这就表明，我们仅仅通过对方的细微表情，如避开和你对视的目光或微妙的表情变化等，便能够产生孤立感。所以，今后如果再因不起眼的事情产生孤立感，就不要以“我怎么这么没出息”这样的想法自责了，因为我们的大脑天生就具有这种功能。

归根结底，我们是非常容易孤立他人和被他人孤立的存在，因此不得不注意相互之间每一句不经意的言语和每一个细小的举止。

服用泰勒诺能缓解孤独感

“寂寞深入骨髓”或“身边缺个人”等，都是独自入冬的人经常说的话。对于这些人，我们通常会用“好好过冬”这样的话劝两句，或直接无视他们的感受。然而，单身者或失恋的人内心真的可能感到无比寒冷。

最新研究表明，一个人感到寂寞或孤独时所激活的大脑部位，和感受身体痛苦时激活的部位相同。即孤立感或孤独感会给身体带来与疼痛一样的效果。

这听起来可能有点荒谬，但奈森·迪沃尔和他的同事产生了另一个疑问："治疗身体疼痛的镇痛剂泰勒诺会不会对治疗寂寞有帮助？"如果说寂寞的痛苦和身体的痛苦是相伴出现的，那么泰勒诺既然可以治愈身体疼痛，就必然也可以缓解寂寞。实验结果很让人吃惊，吃泰勒诺的确可以在一定程度上减轻孤独感。

他们先让实验对象产生孤立感，随后便将实验对象分成两组，一组服下泰勒诺，而另外一组则服下胃药（假药）。结果，相比起服用胃药的实验对象，服用泰勒诺的实验对象的孤独感有明显的减轻现象。

这种现象在大脑中也得到了体现。被孤立之后服用泰勒诺的实验对象大脑中与痛苦相关的部位活跃程度明显降低。结果表明，泰勒诺的确具有减轻孤独感的效果。既然镇痛剂可以帮助减轻寂寞，那么就表明，寂寞的确会给人带来类似身体疼痛的痛苦。

我的一位友人听到这项研究结果后甚至反省，自己长期服用泰勒诺可能并不是因为身体上的问题，而是为了抚慰心灵的寂寞。你会不会也是这样呢？

陈伯忠和杰弗里·莱昂纳德利于2008年进行的研究表明，一个人感到寂寞孤独时，不仅会出现身体上的疼痛，还会感受到比常人更重的寒意。他们让一组实验对象想象自己被他人孤立的经历（孤立条件），让另一组实验者想象自己与他人和睦相处的经历，随后让各组实验者估测房间的温度。你也可以想象一下自己曾经有过的那种经历，再估测一下房间的温度。

在这项实验中，想象自己被孤立条件下的实验者，出现了比其他条件下的实验者估测的温度低3℃的倾向。因此可以认为，感到孤独的人比其他人感受到了更重的寒意。

另外，感到孤独的人比其他人更喜欢咖啡、热汤等热饮或热食。

可见，孤独感并不是抽象的存在，它能真正让人体感受到痛苦和寒意，所以说在寂寞面前不存在硬汉。寂寞的人们啊，早早做好越冬的准备吧！

寂寞和饥饿感觉相同

我们已经确认过，寂寞和身体上的疼痛一样，都能给人体带来痛苦。不仅如此，寂寞给我们带来的痛苦还会表现为疾病、死亡等可怕的形态。

是否拥有牢固的人际关系是预测一个人健康程度的重要指标。人际关系越好，对人际关系的满足度越高，身体健康的概率也就越高。相反，人际关系不圆满，经常感到孤独的人相比于其他人有着更高的死亡率；此外，这些人身患引发死亡的各种疾病的概率也更高。

寂寞的人比其他人更容易感受到精神压力，而且身患同一种病时，前者所需要的恢复周期也更长，甚至手指被划伤所需要的治愈时间也要比不寂寞的人更长。

除此之外，时常感到寂寞的人拥有不健康的生活习惯的概率也更高。有研究表明，对于中老年人来说，寂寞的人比不寂寞的人更容易酗酒，饮食习惯更不健康，平时运动量也更少。

寂寞的人的睡眠质量也不太好。相比于不寂寞的人，寂寞的人睡眠时间虽然一样，但睡眠质量上却有显著的差异。就算能够睡一样长的时间，寂寞的人熟睡的概率也要小很多。

寂寞会给我们的身体和心灵带来很多弊端，给我们的整个人生带来负面影响。寂寞不单纯是痛苦，也是能够威胁到我们的人生质量和生命健康的深刻问题。

那么，孤立感和孤独感到底为什么会让我们如此痛苦呢？对此我们需要进行更加深入的分析。

人类需要通过摄取养分生存下去。因此，我们会定期产生饥饿感，以便及时摄取养分。然而，如果缺少了这些“饥饿感”，会发生什么事情呢？恐怕我们就无法及时摄取养分，造成慢性营养失调，最终被大自然淘汰，走向灭绝。

学者们认为，孤独感在我们的社会生活中发挥着饥饿感的作用。前文已经提到，隶属需求是为了让人类过上群居生活才出现的。如果人们对孤身一人的状况不感到痛苦，情况会怎么样呢？人们会像现在这样渴望和他人相处吗？只有对于孤身一人的状况感到非常痛苦时，人们才会极力渴望摆脱独处。孤立感或孤独感之所以会给人带来痛苦，是为了向人类传达“一个人是不是很痛苦啊？快点去找他人”的信号，从而让人们尽快摆脱孤身一人的状况。

可以认为，这和我们体内的养分不足时会及时出现饥饿感是一样的道理。正因为如此，我们才会称寂寞就是隶属需求制造的痛苦。

无法产生饥饿感的动物最终会因营养不足而走向灭绝；同理，如果人类感受不到孤立感或孤独感等痛苦的话，就无法生活在丰富的人际关系中了。我们不会因深入骨髓的寒意而努力寻找人生的另一半，也不会为了维持恋爱关系说各种甜蜜的话，更不会因失恋带来的痛苦去唱“撕心裂肺”的情歌。我们甚至无法看到人们聚集在一起生活的城市中把酒言欢、载歌载舞的景象。

寂寞孤独时注意力更专一

当寂寞来袭时，如何应对？

寂寞是一个人社会关系出现异常，正在被他人孤立的信号。群居是人类最基本的生存战略，所以被他人孤立的现象是相当严重的警告，严重程度相当于“你快要完蛋了”。

相应地，身体和心灵的各种系统就会为了拯救主人召开紧急会议，并制订各种急救计划，想办法让他人停留在主人身旁，即让他人喜欢上主人。

该过程的第一步便是要掌握其他人需要些什么，换言之，就是让别人喜欢自己。想让别人喜欢自己，就必须察觉到对方此时此刻的情绪如何，是不是因为“我”出现了而高兴或愤怒，或者对“我”有哪些需求，并做出恰当的回应。

比如说，购物的时候，女朋友说“那东西真好看”，你要弄清她是为了传达那件商品好看的信息，还是在暗示“买来送我”。想要弄清女朋友的本意，你就要察觉到女朋友的细微表情和肢体语言传达的所有信息。

在这一过程中，通过对方的细微表情、目光、肢体语言、声音等所有可能的途径搜集情报是非常必要的。结果，我们的身体和心灵就会进入紧张的看脸色模式。这一系列的读心过程在心理学中称为“观点选择”。

读懂他人的内心不仅需要很高的专注度，还需要摆脱常规的自我中心的思维方式，努力站在他人的立场进行思考。这对于人类来说是一项非常高级的技术，也是一件相当困难的事情。正因为如此，生活中才会有“知人知面不知心”的俗话，女生经常提出的“你不知道我为什么生气吗？”也成为十大未解难题之一。

然而，无论这是多么困难的事情，一旦人们感到寂寞，就会努力去察言观色，从而提高读心技术。

还有一个以前文抛球游戏实验结果为基础的实验：首先，让实验对象回忆遭人拒绝的经历，从而制造出抛球游戏中被人孤立的感觉。然后，给他们放映一个与他们毫无关联的视频，视频中的人会在透露自己经历的同时描述当时的感受。每当视频中的人呈现出一种状态时，实验人员就会暂停视频，询问实验对象此时此刻有着什么样的想法和情绪。

根据视频中的人实际透露的想法、情绪与实验对象做出的回答之间的相符程度，我们就能找出更专注于他人感情，并能够准确进行解析的实验对象。辛西娅·皮克特和她的同事通过这项实验发现，感受到孤立感或孤独感的实验对象，比其他实验对象更能准确阅读他人的想法和情绪。

除此之外，如果诱发孤立感和孤独感，或提升隶属需求，人们就更擅长记忆与他人相关联的事件了。此外，出现孤立感的人不仅能够更准确地从表情中阅读出他人的想法或感情，还可以通过声音察觉对方的情绪。换言之，孤立感也会让人的听力分辨率提升。

综上所述，人在感到孤独寂寞时，会更加注意他人的细微表情和声音，从而更加准确地察觉到他人的想法和情绪。这就像我们感到饥饿时，单单看到一张炒年糕的图片就会感到格外兴奋，而且会对一丝朦胧的香味格外敏感。为了给无能的主人带来朋友，身体和心灵的各种装置时时刻刻都在艰苦奋斗。真是一群忠诚的部下！

通过想象人的形象摆脱孤独

你有没有在切土豆的时候，感觉到土豆上面长着眼睛、鼻子和嘴巴？或者偶然抬头看到人形的云彩？或者从毫无秩序的图案中看出过人面部的轮廓？

当我们饥饿到极点，身边却没有食物时，眼前就会出现各种食物的影子，就像在沙漠中看到了绿洲一样。当我们感到寂寞时，这样的现象同样会发生。寂寞时，我们就会格外想念他人，不仅会更加注意周围的人，还能够从物体中看到人像。也就是说，寂寞会使我们将事物拟人化的倾向增加。

拟人化是为非人事物赋予人的属性（性格、意图等）的过程。电影《荒岛余生》中的主人公汤姆·汉克斯在漂流到无人岛之后，便给一个排球起名“威尔逊”，还经常和它对话。当然，这属于比较极端的情况。请想一想，你平时有没有给玩具起过名字？有没有觉得宠物能够听懂你的话？看到一些物体时有没有联想到一些人？这些举动都是我们平时将事物拟人化的主要体现之一。

当我们感到寂寞时，就会比平时出现更多的拟人化行为。经常会有人说，宠物可以帮助人们克服寂寞。而事实表明，经常感到寂寞的人更倾向于为自己的宠物赋予“关怀”和“共鸣”等人类的属性。

寂寞的人身上所展现的拟人化行为，其对象不仅仅限于动物。

上图：像人面部的图案　下图：什么事物都不像的图案

当我们想念他人时，会通过想象人的形象抚慰空虚的心灵。

这些人会认为，钟表、枕头、空气清洁剂等事物也具有意图、意识或感情。

让我们了解一下这一领域的专家尼古拉斯·艾普利和他的同事们做过的实验：为一组实验对象放映《荒岛余生》等电影，并让实验对象尽量把自己当成电影主人公（孤立条件）；而为另一组实验对象放映《沉默的羔羊》等电影（恐怖条件）；为最后一组实验对象放映的是棒球比赛视频（控制条件）。然后让三组实验对象观察人形图案和什么事物都不像的图案，并让他们说说是否能够从中看出人形。

结果，产生孤独感的孤立条件下的实验对象，相比于其他两组实验对象，更容易从什么事物都不像的图案中看出人形。你在看到前页的图片之后，是否认为"看着都像人脸"？如果是，就说明你的拟人化倾向比较严重，或者可以说，你比较寂寞。

《荒岛余生》中的汤姆·汉克斯把排球变成了"威尔逊"，而我们也会在寂寞时把一些事物当成人。可以说，为了不变成孤身一人，我们使尽了浑身解数。如果你平时经常从云彩中看到人脸，就要好好想想自己是不是过于寂寞了。

要抱有重新被人接纳的希望

寂寞降临时，我们会尽快寻找他人或具有人形的事物，以摆脱孤独的状态。这是我们感到寂寞时采取的最常见的应对措施。

然而，渴望关注他人和与他人和睦相处的想法是一方面；进一步主动出击，活跃地参与各种聚会等实际行动，是另外一方面的问题。

感受到寂寞时，有些人会为了消除寂寞积极走近他人；还有一些人会陷入悲伤和愤怒，惧怕与人相处。那么，为什么不同的人面对寂寞时，采取了不同的应对方法呢？难道越是性格懦弱的人，就越容易表现出负面反应？

伊莱·芬克尔和罗伊·鲍迈斯特通过研究表明，引起这些差异的最核心要素便是“对被他人重新接纳的可能性的感知”。“曾经孤立过我的人会不会重新接纳我？”针对这一问题出现的不同回答，会引发随后行为上的差异。

假设我们在学校或单位因一些小误会遭受别人的排挤，虽然那的确是不值一提的误会，但是别人却因此把我们当成了坏人，根本不愿意提供挽回的机会。这种情况下，大多数人可能会感到巨大的挫折感，甚至还会因此失去按照自己的意愿行事的能力——统治感，从而陷入“我今后什么都做不成了，我就是这么一个微不足道的人”的颓废状态。

一旦这种状态持续，大部分人都会放弃为改善关系而付出的努力，开始憎恨让自己陷入这种状态的人。既然已经没有了改善关系的余地，那就只好做敌人了。未能被接纳的人就这样误入了歧途。

因此，为了避免出现这种负面情况，周边的人必须做出

“重新提供机会的宽容举动”，至少要保留矛盾解除之后能够重新做朋友的余地。如果连这种余地都消失的话，背离集体的人就会被越来越疏远，进一步被孤立。

这种原理普遍体现在纠正错误行为的过程中。背上“坏孩子”或“成绩差的孩子”之名的孩子越挨骂，就越容易脱离正轨。因为这些孩子会认为，无论自己做出何种尝试，别人都不可能接纳自己。换句话说，他们会觉得“已经没有回头路了”，从而变得自暴自弃。像这种因得不到挽回的机会而出现的负面现象叫作“烙印效应”。一旦出现这种状况，无论多么正直的人，都会误入歧途。

从这类事实中我们能知道，对于那些在集体中背负“社会不适应者”烙印的人来说，我们应当做的并不是谴责或鼓励，而是让对方知道挽回的希望依然存在。当然，努力是他们个人应当做的事情，但如果我们不提供希望的话，就会剥夺对方努力的机会。

你的寂寞到底从何而来

寂寞并不只是在被孤立时才会降临，很多人在与他人维持良好关系的过程中也会时常产生孤独感。

前文提到，20%的美国人经常会感到孤独，而韩国也有25%的人认为，“寂寞时没有一个人可以依靠”。这项统计结果表明，大多数人承受着寂寞的困扰。

那么这些日常生活中的寂寞是因何而来的呢？让我们想一想寂寞的人的形象。此时我们眼前浮现出的是什么样的景象？寂寞的人总是一个人吃饭，不喜欢出门，表情阴暗，不喜欢与人打交道。是不是？

我们通常会认为，寂寞的人就是那些社交能力较差的人。然而，事实和我们的想象有所不同，容易寂寞的人所拥有的朋友数量或社交能力并不低于普通人。乍一看，容易寂寞的人和平常人表面上不存在任何差异。两者都有不少朋友，也经常和人们有说有笑。

那么，这种寂寞到底从何而来？约翰·卡乔波认为，容易寂寞的人和正常人之间的最大差异便是与他人维持关系的深浅度。即，无论朋友多少，生活多富足，只要没有能够掏心窝的朋友，人就很容易产生孤独感。再多的浅层关系都无法替代能够填补内心空虚的深层关系，一旦缺乏这种关系，人就会极度渴望他人的温暖。如果你明明没有被人孤立，却还是会经常陷入孤独的话，那你最好寻找一个能够交心的朋友。

结交抚慰寂寞心灵的朋友

一个人不管有多少朋友，只要没有一个能够交心的朋友，就很容易陷入孤独感中。那么，到底要如何结交能够抚慰寂寞心灵的朋友呢？

你对你的朋友了解多少？或许你们已经在一起生活很久

了，但是你只知道对方的姓名、性别、年龄、住处、职业等表面的信息，至于对方此时此刻在想什么，你是不是完全不知道呢?

从人际关系的形成过程可知，人们通常会根据对方敞开心扉的程度敞开自己的心扉。如果你只提供姓名、住处等浅层信息，日常生活中也只有“今天天气不错啊”之类的话，那么对方通常也只会提供同等程度的信息。

当然，在人际交往的初级阶段，交换必要信息是必不可少的。没有人会在初次见面的时候就把自己的烦心事说给对方听。然而，在关系逐渐深化的过程中，如果双方依然只交流表面信息的话，这种关系就很难得到进一步发展。

此时，两人中的一个人率先打破僵局是非常重要的。一个人将自己的信息公开得越多，对方就越容易靠近自己，进而形成深度交流。想要让对方走近自己，就应当鼓足勇气说出自己的故事。归根结底，想要结交知心朋友，就应当主动和对方成为知心的朋友。

此外，由于客观的资源和时间有限，我们通常会渴望从所有人身上得到同等程度的关爱。如此一来，虽然有可能结交不少关系不错的朋友，却更有可能结交不到一个真正交心的朋友。事实上，那些被称为“万人迷”的人并不容易赢得“特别的好感”。所以，为了打造深度关系，我们需要选择和专注。

综上所述，想要结交真正的朋友，就要选择与自己合得来的人，并鼓起勇气主动走近对方。让我们用与人分享的经历试着战胜寂寞吧。

第三章

心理博弈术：搞好人际关系，就赢了

别人的看法不必太过分在乎

你是什么样的人呢？无论是在决定影响自己未来的重大事情时，还是在商店买一个小小的物品时，你会不会想“我买了这些，别人会怎么看待我呢”。

大部分人每天都会有意识或无意识地反复去想：“别人把我当成怪胎该怎么办？”“那些人是不是在谈论我呢？”“今天我的穿着打扮和装束会不会很奇怪？”而且，诸如此类的想法会对我们的思维方式和行为产生重要的影响。假如我们生活在一个无人岛上，就肯定不会像现在这么爱干净和注重着装打扮了。就是说，如果没有“意识到他人”的话，卫生产业和时装产业就不会像现在这么发达。

在做较重要的决定时，我们也会受到他人评价的影响，无法按照自己的意愿行事，甚至不清楚自己真正想要的是什么，而是盲目地选择他人认可的东西。别人喜欢的东西在不知不觉间变得优先于我们自己爱好的。过了一段时间之后，我们又感觉到那些判断过于轻率，开始后悔和思考自己的人生方向到底在何方。

我们人类是一种社会性动物，渴望被爱和得到认可的愿望是一种生存本能，而且这些需求往往比想象的更重要。因此，满足这种需求是非常重要的事情。如果无法满足这些隶属需求的话，我们就会陷入孤立感和孤独感的痛苦深渊。

因此，为了被他人认可和接纳，在乎他人对自己的看法是理所当然的事情，也是必要的事情。只有了解他人对自己的看法如何，他人希望自己做些什么，我们才能够迎合别人的期待，成功地完成“称职的社会人”角色。倘若完全不在乎别人的视线，就会被印上“异类”的烙印。

在乎别人的看法的确是有必要的，但问题在于，我们往往会过分在乎别人的看法。对别人的看法过分在意甚至会影响到自己的人生。不少人应该有过因为这些事情而承受痛苦的经历。那么，接下来让我们了解一下，在乎别人看法的人生存在哪些盲点。

在别人眼中你是什么样子

“当有些人问我‘你喜欢什么’时，一时间我都不知道该怎么回答。我居然连这么简单的问题都答不上来。我当时都不知道自己喜欢些什么，讨厌些什么。正因为那次经历，我下定决心，今后要好好了解一下我自己。”

这是某著名广播人的采访内容。换作你，你会如何回答？听到“你喜欢什么”这样的提问，你能毫不犹豫地作答吗？

我们之所以比想象中更不了解自己，一个重要的原因便是我们总是自我欺骗。比如说，我们会为了完成一些特定任务而扮演不太适合自己，但非常必要的角色。例如，明明不是一个擅长竞争的人，却不得不进入到竞争氛围十足的学校或职场中，不断对自己暗示："我一定能够踩在别人头上。"还有一些人会盲目地模仿受大众青睐的形象。比如前一段时间外表冷酷的人非常受欢迎，有的人就会一味装扮成那种人。因为大众比较羡慕在大企业工作的人，人们就会觉得"进入大企业会得到幸福"；而因为大众敬仰有钱的人，人们就会认为"挣钱会让自己得到幸福"。

像这样在认识不到问题根本的情况下一味扮演各种不同的角色，我们就会逐渐陷入自我欺骗中。而大多数情况下，我们会在为了成为他人眼中帅酷的人而装扮自己的过程中陷入这种自我欺骗。一旦将他人羡慕的对象当成人生目标的话，就会一味地追求他人喜欢的东西、流行的服饰、热门学科和受欢迎的工作。

过着这种生活，如果缺少他人的认可，我们是无法感到高兴的；只有他人认可，我们才能获得成就感，心情才能变得舒畅。这样一来，我们就无暇询问自己渴望的形象是什么样的，只会一味地按照他人的期待打造自己。

人只有在自己成为各类经历的主角，或是感受喜悦、悲伤等多种情绪时，才能够清楚地认识到自己喜欢什么，讨厌什么。然而，一旦他人的目光成为你衡量自己的最主要标准，这种机会就会被剥夺。这就相当于将一部名为《美人鱼》的电影拱手让给别的导演，而自己只是一个按照他的指示演戏的主角。

当他人成为判断我们人生的主角时，会发生什么事情？让我们看一看大卫·邓宁和他的同事进行的一项研究。他们向参与者问道："你觉得自己是一个社会性多高的人？"实验结果显示，大部分人都回答道："我有几个要好的朋友，也会经常参加各种聚会……"并高度评价了自己的社会性。

接着他们换了一个问题，提供了用来评价社会性的一些特定标准，再问那些参与者："其他人会如何评价你的社会性？"结果大多数人对社会性的评估要显著低于之前的回答。

这两种情况之间有哪些差异呢？两种提问都是用来询问对方的社会性的，不同点在于：第一种提问中的评价标准完全在于实验者本身，即自我内部；而第二种提问中的评价标准在于他人，即外部。

如果评价标准在自身内部，就会因每个人所具有的特性或人生轨迹的不同而出现各式各样的标准。所以每个人都能够对自己做出比较宽容的评价，并且从中获得很高的幸福感。

"上周偶然帮助了一位迷路的人。""我给朋友买了一份生日礼物，他说我挑礼物非常有眼光。""我虽然朋友不多，但是有灵魂伴侣一般的朋友，足够了。"就这样，人们会单纯凭借自己多样的经历、想法和感受，对自己的社会性给予正面评价，并从中得到满足。

然而，一旦评价标准变成外部因素，标准就会突然变得非常苛刻。判断社会性的通用标准，如朋友数量，参加的聚会数量等，都会导致多样性程度降低。仅仅拿出几项严格的标准，人们对自己的看法就会完全不同。"在别人眼里，我并没有很多朋友，在聚会中也不大喜欢说话……"这种想法会导致人们对自己的社会性给予过低的评价。

不仅是社会性，如果按照外部的标准评价自身的所有特性和行为的话，我们同样很难得到满意的结果。我们的人生会因始终无法满足标准而变得越来越不幸。

这也是亚洲如韩国、日本等经济发展水平相仿的国家的公民的幸福指数处在全球平均水平以下的原因。韩国人过于在乎他人的目光，渴望按照他人的标准生活，这样一来，就会对自己过分严格，从而承受不幸的人生。韩国延世大学心理学系徐恩国教授说道："如果我们能够摆脱他人的目光，按照自己的人生标准生活的话，肯定会获得更高的幸福感。"

持续按照外部标准评价自身，我们就很容易将他人所具有的一般标准或出身、背景等因素，视为比自己固有的经验或思想更重要的东西。如此一来，我们就会逐渐舍弃自己独有的特性，竭尽全力让自己的人生符合那些标准。这就像完全不考虑自己是鱼类还是陆地生物，根据别人的建议来决定要生活在水中还是陆地上一样。

最终，我们会以为别人向往的东西就是我们自己喜欢的东西，比起"人们喜欢做什么"，我们更难回答"你喜欢什么"。说到这里，说不定我们自身的存在就是被他人的各种期待包装成的。

向上攀比与向下攀比的结果

看到出身名门院校，在著名企业工作，外表还很俊秀的人，我们就会不由自主地产生自卑感，甚至还会抱怨上天的不公平，所以会常常说："有什么了不起的？"

按照他人的标准评价自己，最终主动放弃幸福的倾向便是"攀比"。无论我们学历多高，收入多高，都会不断地和条件比自己优越的人攀比，并由此生出自卑感和痛苦。"看看那个谁家，住的房子比我的好多了，开的车也是名牌的，我怎么就过着这种生活呢？"这不就是我们时时刻刻都能听到的话吗？

甚至一些享有很高社会地位的人，如名牌大学教授或律师，也会过低地评价自己的现状，发出自责的声音。这不由得让我们感叹：越是出色的人越可怕。这些深陷攀比深渊，不断在痛苦和不满中挣扎的现象，不禁让人感到惋惜。

攀比分为"向上攀比"和"向下攀比"。向上攀比就是拿自己和比自己优秀的人做比较，使自己变得消沉、情绪低落的攀比行为；而向下攀比则是看到处境不如自己的人而感到高兴的行为。父母经常所说的"谁谁家的儿子（女儿）那么出色，你怎么这副德行"，就是典型的向上攀比；而看到电影或电视中出现命运悲惨的人，我们便会说"再怎么说，我也比他好一点"，这种行为便是向下攀比。

有些人无论自己所处状况如何，都会不断地关注周边的人，不断进行向上攀比，这种人容易一辈子都被自卑感折磨。因为无论是什么团体，越是处于社会中较高的阶层，就越容易找到比自己出色的人。不管挣多少钱，和比尔·盖茨相比都是天壤之别；而且，这种人不管长得多么漂亮，只要和金泰熙相比，都始终无法满足于自己的长相。

柳博米尔斯基教授的研究证明，实际上向上攀比与不幸和较低的自尊感有着紧密的联系。他让两名实验者解答了几道简单的IQ测试题。实验表明，相对于幸福的人，不幸的实验参与者对自己的评价完全取决于旁边的人的完成情况。不幸的人如果见到旁边的人比自己做得慢，就会觉得自己很出色（向下攀比）；而如果旁边的人做得比自己快，就会感觉自己做得不好（向上攀比）。

重要的是，相对幸福的实验对象并没有出现向上攀比现象。当身边的人做得比较慢时，幸福的人会产生“看来我做得不错”的感觉；但即便身边的人做得比自己快，他也不会改变对自己的评价。（见下图）

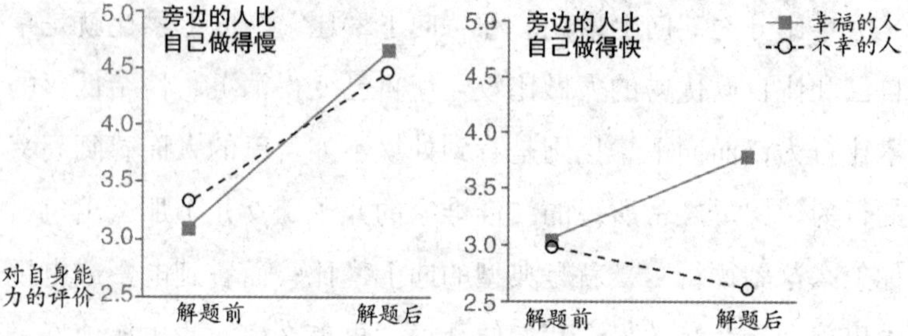

解题之后对自身能力的评价结果

实线在两幅图中基本保持一致（即，旁边人的完成结果不怎么影响对自身的评价），而虚线则出现了明显的差异。

从上图中可以看出，对实验参与者解题前后对自身的评价结果进行比较时可以发现，相对幸福的人无论身边的人做得快或慢，都会觉得自己做得不错；但相对不幸的人如果看到身边的人比自己做得快，就会觉得自己做得不好（向上攀比）。即幸福的人对自身的评价标准在本人内部，而不幸的人的评价标准很大程度上依附于外部。

让我们了解一项更让人意外的实验。这一次，是让实验对象教孩子，随后向实验对象反馈他们教得好不好，同时告诉他们其他实验对象相比于他们的表现。

下面的图中，有色条带表示正面评价，灰色条带表示负面评价。不管身边的人是不是发挥得好，幸福的人（左图）只要得到正面评价就会感到高兴，而得到负面评价时便会情绪低落（如果被告知身边的人也没发挥好的话，便会得到少许安慰）。

相反，不幸的人（右图）不会考虑自己的表现从客观来讲到底好还是坏，只要自己发挥得比别人差（斜线条带），就会感到懊恼；而只要得知他人比自己差（斜线灰块），就会感到高兴。甚至从客观来讲，明明发挥得并不如意，但是只要听到旁边的人比自己差，这样的人就会感到非常高兴。

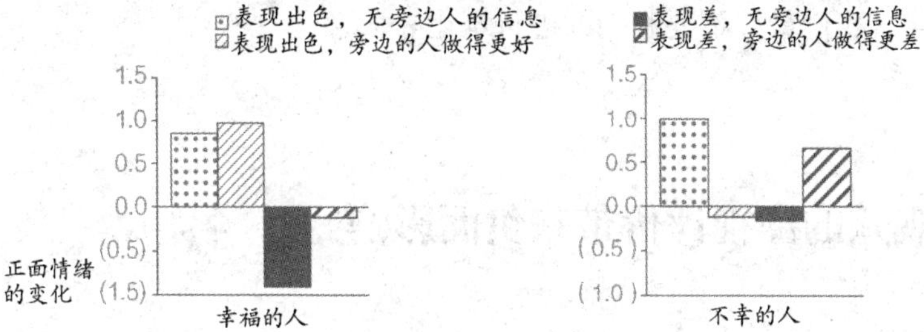

解题之后情绪的变化

自己明明做得不好，却在听到别人做得比自己更差时感到高兴，听起来是不是有点可怕？不顾客观事实，完全依赖他人的成绩来评判自己的成败，多少让人感到有些惋惜。某种程度上，这也可以视为是被自己的心灵欺骗的行为。

这种状况一直持续下去的话，就很有可能导致自尊感和幸福感出现较大动荡，演变为心理极度不安的状态。一个人完成一件事情，从中得到的自尊感和幸福感却要取决于比较对象，这本身就是一个不正常的情况。

重要的是，自尊感的稳定性，即评价自身时对外部状况的依赖程度，在很大程度上影响着人际关系和人生的各个重要领域。无论自尊感是高还是低，自尊感不稳定的人如果从别人口中得到负面反馈，就会产生受到伤害的感觉，采取极端防御性态度。一个小小的玩笑也能让这些人火冒三丈，气急败坏。

毫无意义的攀比只会让我们的心理状态受到控制，这种事实不禁会让人感到郁闷。就因为那些完全可以避免的攀比，导致自尊感大起大落，引发情绪骤变，还会给他人留下不好的印象，这是多么大的损失啊！如果想避免和不必要的打击感为伴，我们最好不要和别人进行攀比。

观众的注视评价带来负面影响

萨特说过一个故事：

教室的最前排坐着一名学生，这名学生全神贯注地听讲。不过下课之后，当有人问他上课内容时，他却答不上来。一整堂课，他脑海中所想的只有“我要让其他老师和学生把我看成好学生”。

过分在乎他人的目光，将那些目光视为人生的监督，就会给人生带来负面的影响。想一想面试的过程：面试官把胳膊抱在胸前，用尖锐的眼神注视着你。每当你要开口说话时，他们就会一直盯着你，在这些人面前，你生怕说一句错话，紧张得直冒虚汗。

当然，也有些人很享受这种面试过程（恐怕是极少数），但对于大部分人来说，这种状况是能避则避的。因为只要涉及对自己的评价，人们自然就会产生担忧和恐惧感。

如果过度在乎他人的看法，无论是在何时何地，你都会觉得自己是站在面试官面前。因为过度在意别人的目光，他人的每一句话、每一个举动都会令你感到压力颇大。如果这些评价所带来的负担和恐惧感进一步加剧的话，你就会出现社交恐惧症等症状。越是在乎他人的存在，就越无法正常地与他人进行正常的人际交往。

不仅如此，过度的紧张还会影响一个人能力的正常发挥，导致结果不能令人满意。正因为如此，有很多人在面试后会说：“我因为太紧张，没能正常发挥实力。”

运动员在主场打比赛的时候通常会提到主场优势（home advantage），因为会有无数的主场球迷加油助威，使运动员能够从中获取力量，从而获得好成绩。然而，学者们通过研究表明，主场优势并非完全如此。

他们对美国职业棒球大赛的结果进行了分析，发现在主场进行比赛时，主队上半场通常会领先，但到至关重要的下半场时，主队往往就会面临落后的局面；而且这种现象与观众提供的声援有着直接的关系。有时，震耳欲聋的助威声会给运动员带来不得不迎合观众期待的负担感，而这些负担感会导致运动员发挥失常。这样一来，主场优势就会变成主场劣势，而运动员的成绩也会受到负面影响。

就这样，当他人的目光集中时，人们完成任务的能力就会下降，而日常生活当中这种现象随处可见。一旦人们的关注度提高，就会发生平时擅长的工作进展不顺利的情况。

一旦开始在乎他人的注视、评价、期待等，我们就会陷入被观众包围的情形。如果路过的人也变成观众的话，我们就会承受更大的负担和压力。此时，就算观众像主场球迷一样表达友好的态度，结果也是一样的。看下面一个例子：

你倾向于选择哪种状况？

1.和态度友好的面试官进行面试。

2.和态度不友好的面试官进行面试。

两种状况中，哪一种带来的压力更小？人们往往会认为第一种状况下的压力会更小。然而，下面的研究得出了不同的结论。

实验参与者的任务便是说出自己为什么能够胜任一家备受欢迎的企业指定的岗位。参与者在以下三种条件下做出的发言各不相同。

条件1　没有听众的情况（控制条件）：参与者看不到的房间角落里坐着研究者。

条件2　坐着友好听众的情况：两名听众坐在参与者面前，

津津有味地聆听着参与者的发言，并会时常用微笑送去鼓励的信息。

条件3　坐着不友好听众的情况：依然有两名听众坐在参与者面前，他们会在参与者发言的过程中做出赤裸裸的厌恶表情，并且时常暗示“这名发言者没什么戏”。

在发言结束之后，为了了解每一组参与者在发言过程中承受了多大压力，分别测定每一位参与者的压力激素（类固醇激素的一种）数值。压力激素数值总共测定了三次（发言之前，发言之后，发言一个小时之后），这是为了考虑每个人固有的激素浓度不同。

接下来参照下图，了解一下实验结果。纵轴是压力激素的水平。

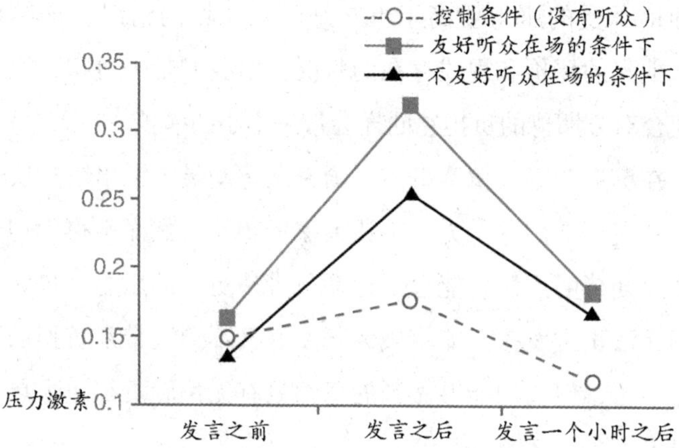

不同听众在场条件下的压力激素变化曲线

1.发言之前测定的压力激素水平：一般情况下，所有参与者的压力激素水平并无太大差异。

2.发言之后测定的压力激素水平：参与者所处状况的不同（没有听众的状况，友好听众在场的状况，不友好听众在场的状况）会导致压力激素数值的不同。

首先，从结果中可看出，友好听众和不友好听众在场的条件下，要比没有听众在场的条件下更容易让实验者承受较高的压力。而友好听众在场的条件下让实验者承受的压力，要高于不友好听众在场条件下的实验者承受的压力。

3.发言一个小时之后测定的压力激素水平：发言结束一个小时之后，相比于没有听众在场的实验者，友好听众和不友好听众在场条件下的实验者体内的压力激素水平依然很高。

综上所述，无论听众友好与否，听众的存在本身，即“对评价的恐惧”，总会给我们带来负面影响，而且人们在友好听众面前承受的压力要高于不友好听众在场的情况。该结果表明，他人的评价和视线存在的状况会给我们带来负担，而不得不迎合对方期待的负担感同样会带来不小的痛苦。

在奥运会等大型赛事前，国家队运动员会说出表达决心的话：“我们会用尽全力，不让大家失望。”然而不得不迎合国内观众期待的想法可能会给运动员带来更多的压力，最终导致他们无法正常发挥。能够成为既友好又不给人带来负担的听众固然不错，但我们能够做到的恐怕只有无论胜负都送去热烈的掌声了。

由此衍生出了一个问题，即他人的存在是不是始终会给被关注的人带来害处。当然，在不少情况下，他人的存在是有益处的。“社会助长作用”是指有人在身旁时导致工作效率和质量提高的现象。在做单纯的工作时，多人聚在一起要比一个人做效果更好。比如说，到图书馆学习要比在家学习的效率高得多。这就说明周围的人是单纯的“他人”还是评价自己的“观众”，有着截然不同的效果。一旦出现对评价的恐惧，我们就会把周围的人当作观众来对待。

所有人都需要独处的空间

观众是一种让我们痛苦的存在，所以人们往往渴望逃避各种社会性刺激（主要是与他人有关的）。假如你有一份需要时刻用微笑迎接顾客的工作，在接触的各类顾客中，有些会让你心情舒畅，还有一些会触及你耐心的底线，但你却没有任何办法，只能用微笑对待对方。当所有顾客都离开时，你可以暂时放下那种接待顾客时使用的表情，休息一会儿。再也没有什么比这段休息时间更轻松的了。在工作之余，摆脱顾客的视线，回到员工休息室躲避一切，是非常愉快的事情。

这种暂时避开评价自己的视线，摆脱观众，独自休息的行为，叫作“回到后台行为”。就像演员在舞台上尽情为观众表演后，回到后台休息时便会彻底放松一样。

著名的社会学家尔文·戈夫曼说过，人们会通过这种行为暂时脱下面具，脱离角色扮演，进入充电和重新整备状态。从这种角度来看，洗手间便是最典型的后台场所。从嘈杂的聚会或约会中暂时离开，来到洗手间，人们就会暂时享受独处的空间，趁机补妆、整理衣衫、休息和重新调整状态。

所有人都需要一个让自己避开大众视线，从而独处的空间，如员工休息室或洗手间。如果没有这种空间的话，无论多么外向、多么善于交际的人，都会经历萨特所说的地狱。

将自尊感维持在适当的水平

逃避他人的评价所带来的负担感的行为有另外一种表现，就是为了避免陷入被人评价的处境而索性拒绝维持关系。

每个人肯定都有过在喜欢的人面前心跳加速、嘴唇干涩、直冒虚汗的经历。和毫无来往的人单独在一起时，我们往往不知道说些什么好，只想尽快摆脱这种尴尬的情形。我们为什么会害怕走近特别重要的人或初次见面的人呢？

越想给对方留下不错的印象，就越会想“我做出这些举动，对方会不会讨厌我？”“这么做，对方会不会觉得我是个怪人”，这样的想法越多，我们对自己的言语和行动的负担感就会越大，还会反复回想自己说过的话，不断地后悔自己的举动。有时我们还会非常讨厌在这种时刻处于担忧状态的自己。像这样害怕对方，讨厌自己，即对（他人的）拒绝的恐惧，会让人无法从容应对与他人相处的状况。

这种恐惧进一步加深时，就会出现社交恐惧症等极端逃避他人的现象。然而，这仅仅是非常极端的状况，通常来讲，大多数人只会做出一些不太得体的行为。

比如说，还没等对方开口拒绝，这样的人就会因为害怕而逃之夭夭。当害怕被别人拒绝时，便会不断地对自己说“我做不到”或“对方不可能喜欢上我这种人”等，而且会完全不在乎对方实际上所持有的想法或态度，率先切断这份关系。就算对方对你没有任何负面印象或偏见，你也会不知不觉地变得消沉，出现一些缺乏自信的举动，如在对方面前无法正常说话，不敢看对方的眼睛等。

拿异性关系来说。在异性面前陷入恐慌的男人往往会想：“女人都喜欢有钱的男人，她也是这样的吧？”“女人都只看外表吧？她也肯定是这种人。”对方明明没有说过“你既没钱，长得又丑，绝对没戏”之类的话，追求者却自己陷入了假想的拒绝中。当然，这种态度往往会引发真正的拒绝。

这种现象尤其常见于自尊感较低的人身上。人际关系中，人们往往会强调自尊感的重要性，其原因就在这里。自尊感较低时，人们就会强烈感受到“我各方面都很差劲，所以会遭到别人的拒绝”的恐惧，从而导致在人际关系中采取消极和保守态度。

正因为如此，一旦遭到严正的拒绝，人们便会觉得“我说得没错，我果然很差劲”，导致自尊感进一步降低。而如此一来，他便会采取更加保守的态度，而这又会引发新一轮的拒绝和自尊感下降。这种现象叫作“不适应行为循环”。可以说，在人际关系中，自尊感能够兑现被对方拒绝的预言。

更严重的问题在于，如果无法摆脱这种恶性循环，就会永无止境地陷入不适应性的人际交往习惯，从而在他人心中形成歪曲的形象。（“女人们……”和“男人们……”等常见的抱怨，在很大程度上应该是“对拒绝的恐惧”和“自卑感”的借口吧？）

此外，如果陷入不适应行为循环的话，学习用以维持正常人际关系的各种技巧的机会就会被剥夺，随着时间的流逝，打造正常的人际关系会变得越来越困难。

那么，当我们陷入这种拒绝的恐惧时，应当采取哪些救助措施呢？无论是什么样的问题，只有面对现实，才能够找到解决问题的方法。

首先，我们要明白，不仅是自己，其他所有人对拒绝都有恐惧，即使站在自己面前从容微笑的对方，很有可能也是非常紧张的。事实上，作为将得到他人关怀视为首要课题的社会性动物，我们人类仅仅是“拒绝的恐惧”面前的猎物罢了。

很多情况下，真正招致拒绝的人并不是对方，而是我们自身，这一点需要铭记。换句话说，很多时候我们遭到拒绝的原因并不在于自己的出身、背景，而是自己那畏缩的态度。此外（后文会有详细阐述），其实他人并不像我们想象的那样关注我们的每一句话、每一个举动，认识到这一点就是摆脱人际关系所带来的恐惧的重要前提。

在这里需要指明一点：我们一定要将自尊感维持在适当的水平，如果过高的话，就会带来负面效应。有研究结果表明，如果自尊感适当的人得到了更高的自尊感，就会出现怠慢的态度，导致业务成果下降等负面效果。有一种说法是，自尊感越强，想法越好。其实这是没有准确的事实根据的。有些学者指出，自尊感越强，想法越好的说法并没有得到实际研究的证明。

因过分强调自尊感，美国甚至还出现了奖励自我陶醉的状况（自恋大流行）。自恋度较高的人具有如下特征：首先，认为这个世界上自己最出色，无视周边的人；其次，如果周围的人不称赞自己，就会心情不好；最后，为了让他人看到自己的荣耀，把自己当成一幅壁画。只要有这样的人存在，周边的人就会感到不自在，而这些人的存在也不会给社会带来多大利益。当然，对自尊感的强调不一定会百分百造成自我陶醉。然而，多加注意也没有什么不好的。要记住，适当的自尊感才是具有正面效应的。

每个人都在看自己的错觉

前文中我们了解到“观众的存在给我们带来的负担感”“对拒绝的恐惧”以及“在乎他人的存在会带来多么大的痛苦”等问题，这里要提出一个重要的疑问：注视和评价自己一举一动的人实际存在吗?

在人声嘈杂的公交车上，下车时不小心踩空，呈“大”字形摔在地上。我感到太丢人了，脸立马变得通红，仿佛公交车里的所有人都在注视着我。

午餐时喝了一份泡菜汤，汤不小心溅到衣服上。我一整天都害怕别人看到我衣服上的那几滴污渍，想方设法去遮盖它。

今天穿的衣服不太满意，色彩搭配一般，款式也比较过时，仿佛路过的人都在对我的穿着指指点点。

上述经历每个人应该都会有过一两次，这就是那种仿佛头顶装着聚光灯的经历。这种现象叫作“焦点效应”。值得注意的是，这种焦点效应实际上并不存在，它仅仅存在于我们的内心中。

让我们静心想一想今天一天的所见所闻：公司同事穿了什么衣服？地铁里有没有跌倒的人？路人身上有没有辣椒油的印迹？晚上路过的咖啡店店员穿了什么衣服，发型又如何？

如果是印象深刻的场景，那它肯定会留在记忆中。然而实际上，日常的平凡场景并不能给我们留下太多印象。我们不会对他人的所有信息产生兴趣，也不会把它们保留在记忆中。人们对彼此的关注程度其实是有限的。然而，我们却倾向于高估他人对自己的关注。

社会心理学家托马斯·吉洛维奇和他的同事进行了如下实验：在一个房间里聚集一大群学生，并让其中一人穿上平时不大好意思穿的T恤，T恤上印着名人的头像。在那位学生穿着那件衣服在房间里和其他学生相处一段时间之后，让他离开房间，并让他猜猜房间里有多少人察觉到他穿了奇怪的T恤，同时询问留在房间里的学生记不记得刚刚离开的学生的衣服上印着谁的图案。

让我们看看下面的图表。左侧的条带是实验对象猜测的人数，而中间的条带是猜出图案的实际人数。穿着奇怪图案T恤的学生预想的人数要比实际人数多出一倍。实际生活中，看到我们的一些难为情的举动的人只有我们预想的一半。

右侧的斜线条带（控制条件）是没有察觉那位学生穿带有奇怪图案T恤的学生的人数。而这个数值与实际察觉到的人数相仿。

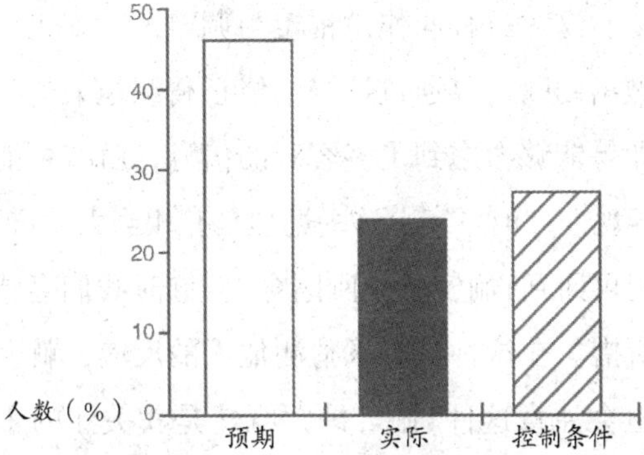

对他人察觉能力的估计与现实之间的差异

如果不是自己穿的话，大多数人都会认为察觉到T恤图案的人并不太多。即，人们倾向于自作多情，过分认为其他人会注意自己的发型、举动等。没有什么错觉是比这更严重的。

那么，我们为什么会如此自作多情呢？学者们认为，这是因为我们所经历的事情都是独有的，而且我们是只关注自己的动物。换句话说，对于他人的想法、感觉和经验，我们只能猜测，不可能有准确的了解。

我们会通过大体了解和推测的方式了解到他人的状态，而这些推测的根据仅仅源于个人经验。虽然对方明明有着完全不同于自己的特点，且至今为止的人生也是完全不同的，但我们还是要用“换作是我的话会怎么做”的方式进行推测。乍一看，这种做法显得格外想当然。我们会通过自己失恋的经历推测失恋给他人带来的痛苦，通过自己在就业过程中的经历猜测面试失败的朋友遭受的打击。

最终这些推测会掺杂着我们自己的感受和想法，成为极度主观的产物。这一过程叫作“锚定与调整”。即先凭借自己的主观想法做出判断，再通过适当的修正猜测他人的状态。调整过程中，如果能够考虑到更多客观的信息，就有可能进一步保证结果的客观性，但事实上这一过程具有相当大的难度。

让我们再回到T恤实验。刚刚穿上T恤时我们会感到非常羞愧，不知所措。在这种状态下猜测他人的反应，就会想当然地认为他人也会注意这件T恤。即，既然是我关注的东西，其他人肯定也会关注。

如果说实验者自身对T恤的过分注意正是促使其觉得他人也会关注这件T恤的核心原因的话，我们不妨冷静下来，客观对待T恤带来的羞愧感，如此一来，还会过高估计他人的关注度吗?

另一个实验依然让学生穿上那件T恤，并且分成两种条件。第一种条件中，让刚刚穿上T恤的学生在羞愧感十足的状态下猜测有多少人会察觉到这件T恤。第二种条件中，在学生穿上T恤的一个小时之后，即在一定程度上适应T恤带来的羞愧感之后，再让他进行猜测。

让我们看看下图。实验结果显示，穿上T恤，经过一段时间之后做出的预测要低于刚刚穿上T恤时做出的预测。这就表明，因为我们的神经处于羞愧的状态，所以会认为他人的神经也处在极度敏感的状态。

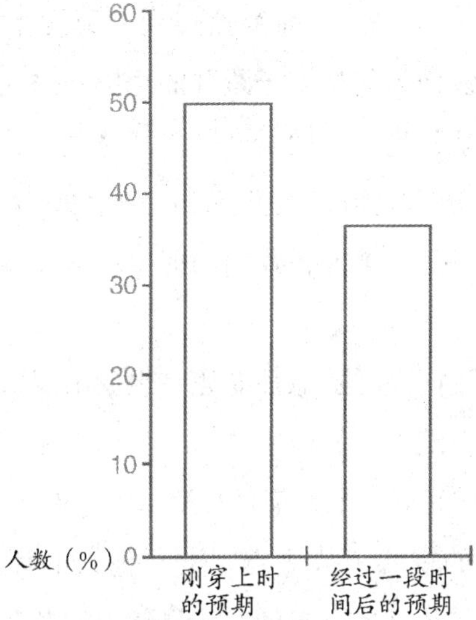

察觉到奇怪T恤的人数

既然了解到了这一事实，我们就可以在日常生活中得到更多勇气了。比如在公共场所中做一些夸张的举止，穿着具有实验精神的衣服到处招摇，等等。反正也没有人在乎，也没有人会记得，干吗要害怕呢？

幽灵观众长驻在人体内

在我们心中，有一群幽灵观众。

肉眼看不见的观众真的存在吗？观众指在舞台或球场前欣赏演员表演或运动员比赛的人。然而，我们在日常生活中遇到的观众却是一种肉眼看不到的存在。

我们有没有在睡觉之前突然想到白天发生过的一次让人脸红的事情，从而瞬间将被子蹬开的经历？“我为什么会那么做？人们肯定把我当成怪胎了。”想到这些，我们眼前便会浮现出他人的目光和表情，突然感到一种毛骨悚然的恐惧。被子里明明只有自己一个人，我们却能生动地体验到无数观众的视线。

就这样，我们随时随地都能凭空想象出观众的存在。无论是在床上还是在洗手间的坐便器上，我们都能够勾勒出假想的视线和聚光灯。我们每个人都具有超越时空创造焦点的能力。

这种假想的视线（或焦点）会让他人的评价出现在自己的想象空间中，甚至还会起到“我果然很差劲”的心理暗示作用，从而让一个人放弃眼前的工作。这样的假想也可以起到“这么做的话，人们会把我当成了不起的人”的暗示作用，让一个人出色地完成任务；而任务完成之后，又会以同样的假想感受到成就感或羞耻感。

像这种每当我们想象“其他人是这么想的”时便会准时出现，并代表众人的观点，且仅存在于我们脑海中的人，叫作“被概化的他人”。

被概化的他人虽然没有实体，却具有通过我们每个人的自身经历再构成的特性，并存在于各自的心中。而且，每当我们在乎他人目光时，这些人便会准时登场，充当无形观众的角色，对我们的思想和行为起到重大的影响。可以说，他们相当于《黑客帝国》中出现的悄然支配我们内心的异度空间势力。

过度评价他人对自己的关注度的倾向，会使焦点效应和被概化的他人结合到一起，这些人便会成为时时审问和使唤我们的让人厌恶的存在。

在这里，值得思考的是，这些人归根结底还是“我”，并不是“超我”的存在。被概化的他人终究不过是“我”脑海中想象出来的假想存在。因为这些存在而感到烦恼和痛苦的行为，归根结底还是一个人自作多情的表演。

当然，这些人的确是通过实际经历重新构成的具有一定现实意义的角色。但正如前文中所提，我们的经历是非常有限的，另外，通过个人经历重新构成假想人物的行为从一开始就属于主观解析，因此，被概化的他人的客观性并不像我们想象的那样具有绝对性。

如果你还在过分在乎他人的视线，还在饱受着被概化的他人的折磨，那么你可以想一想这些角色并不是绝对存在的事实，所有的一切仅仅是你一个人的表演罢了。这种方法可以帮助你摆脱毫无意义的烦恼。

通过他人的眼睛看清自己

太在乎自己心中创造的观众，在乎这些观众的视线的话，就会发生各式各样的事情。最典型的一种倾向便是像灵魂脱壳一般，通过他人的视线看待自己。这种行为叫作“给自己赋予第三人称视角”。

视角大致可分为两类。第一人称视角就是凭借“我”的双眼观察眼前发生的一切，而“我”本身是看不到我自己的全貌的。第三人称视角则是通过摄像机看待自己全貌的视角。通常在电脑游戏中经常能看到这种视角的应用。赛车比赛中，第一人称视角只能看到方向盘和眼前的景象，而第三人称视角则能够看到游戏中“我”的角色。

虽然在游戏中我们可以任意改变视角，但现实生活中我们能够采取的只有第一人称视角。只要眼睛不长在天上，我们就不可能通过双眼看到自己的表情和全身。但有趣的是，当我们开始在乎他人的视线时，便会在想象中勾勒出自己的全身像，而且这种影像颇为生动。

上图 置身其中　下图 身处局外

让我们仔细想一想一个小时前的自己在做些什么吧。脑海中浮现出的画面是你通过自己的双眼看到的景象，还是你自己化身成为一个主人公出现在场景中呢？可以试着在右侧的空白处画出你所看到的景象。

像这样，让人们回想各种事情，并让他们画出那些场景，或让他们回忆当时自己的表情、穿着、全身像等，就能够了解他们在记忆中的视角。而通过这些视角我们可以知道，越是在乎他人视线的人，就越倾向于通过第三人称视角看待自己。另外，视角也能够反映文化圈之间的差异。

相比于西方人，总意识他人存在的东方文化圈的人更容易出现第三人称视角。

现在，举起画笔或手指在额头上写个E。你的E是朝着哪个方向的呢？做过类似实验的心理学家格兰·哈斯的想法如下："在乎自己在他人眼中形象的人会极力想象通过他人的双眼看到的自己，即最初的第一人称视角会变成第三人称视角。此时在额头上写下文字的话，就会变成在他人看来是正确的方向。"

下方图片哪一个E是正确的？在身为观众的我们看来，右图的E才是正确的。然而，从写字的人角度来看，左图中的E才是正确的。

过分在乎他人视线，甚至索性站在他人立场看待自己的话，就会出现在自己的额头上写出正确E的现象。

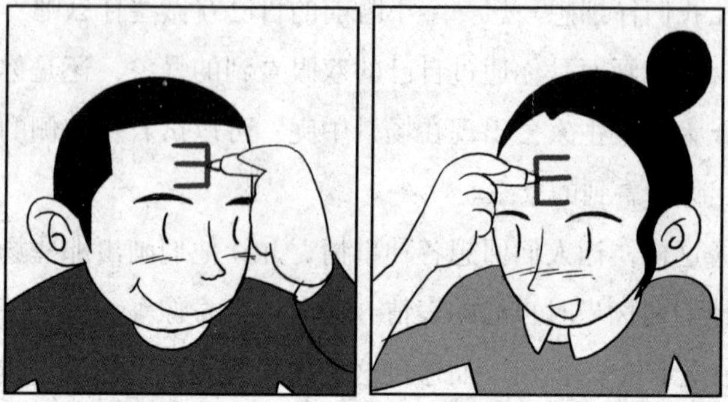

左图：按照自己的方向写下的E　右图：按照他人的方向写下的E

每个人采取的视角的不同会导致E的方向不同。

让我们了解一下这一项实验：在一种条件下，为了让实验者意识到他人的存在，设置一台摄像机，并打开电源，使红灯亮起（摄像中）。而另一种条件下，虽然也设置了摄像机，却没有打开电源，灯并没有亮起（未摄像）。即两种条件的差异在于有没有人在观察实验者的一举一动。

参与者在执行无太大关联的课题的过程中，突然被要求在额头上写下英文字母E，他们便会在莫名其妙的状态下开始写字。而结果正如预期，在乎他人视线的参与者比其他参与者更倾向于画出右图中的E（在他人看来正常的E），其比例比左图中的人高出一倍之多。

在前文中也有提及，我们的眼睛并没有长在半空中，所以绝对不可能自己采取第三人称视角。只有在察觉到他人的视线时，我们才会想象出那种场景。正因为如此，在突然被要求写下E时，人们也会不由自主地考虑他人视线。我们不仅能够想象出虚构的观众，还能想象出他们的视线，可见我们的这种能力是多么惊人。

还有一点值得注意：第三人称视角是观察者的视角，即旁观者的视角。一旦"我"采取了第三人称视角，这段时间内的主人公就不再是"我"自身了。人生归根结底是对时间的经历，而我们却无法亲身经历这些宝贵的时间。人们在回忆可怕的场景时，之所以会选择第三人称视角，也正是出于这一原因。采取第三人称视角的话，对事件的投入度就会减轻，从而拉长事件与当事人之间的距离。

然而，这种现象同样适用于正面的经历。比如说极其简单的事情——切萝卜，当采取第三人称视角时，我们能够感受到的快乐要远远低于第一人称视角时的。前文中萨特提到的学生就是为了给其他学生留下好印象，而没能听进去授课内容。如果我们一直通过第三人称视角生活的话，我们的人生说不定就只会留下一层空虚的外皮。

第四章

心理迎合术：和谁都能交朋友

是否能完全按照性格活着

说到个人的差异，不能不说的就是性格。我们经常会问："某某是什么样的人？"这种疑问是指那个人平常会想些什么，会表现出什么样的精神状态，有哪些行为等。像这种决定一个人特性的思维、情绪稳定的模式（不易改变的模式）叫作性格。

形容"某某人是什么样的人"时，我们会说他是"善良的人""活泼的人""细心的人""固执的人"等。学者们搜集了所有描述人类稳定的行为、思维、感情特征的词，即表示性格的词汇，以便能知道人的性格特征的构成要素。研究结果表明，人的性格主要由以下五个要素构成：

1.对经验的开放性：喜欢冒险、旅行、新的经历，展现出高度的艺术感。

2.诚实性：细心、完美、彻头彻尾的特性。

3.外向性：喜欢交际、吵闹的特性。

4.圆滑性：善良，不喜欢有摩擦，喜欢帮助其他人的特性。

5.神经症：担心多，对危险的感知快，敏感的特性。

学者们对不同国家的人进行了研究，结果发现人的性格普遍由以上五个要素组成。即这个理论有普遍适用性。现在学术界有很多性格理论和测试，比如MBTI，但是目前这个性格的五要素理论比其他任何理论都要正确。如果有人劝你："做一下性格测试吧。"你就应该先问问："是基于性格五要素理论的测试吗？"

现在我们来深入地谈谈有关性格的话题吧。首先，所有人都有以上五个基本的性格要素。但是每个人的各个特性都有程度上的差异。根据这些差异，我们可以制作出有关每个人性格的地图。例如："我的开放性和外向性很高，但是诚实性和神经症很低，圆滑性一般。"

在这些基本的性格要素中，每个性格要素都是独立的。每个要素都与其他要素无关，可高可低。当然，五种要素都可以很高，也都可以很低。也就是说，性格的组合是无限的。所以像按血型划分性格那样，把性格分为几个类型的做法是错误的。人类是比我们想象的复杂得多的存在。

性格是胚芽

现在说一说更加重要的事情吧。性格要素的50%～60%是由遗传决定的。也就是说，性格在很大程度上是天生的，不容易变化。性格就像我们出生时携带的“胚芽”一样。

例如，有些人生来就带着“高诚实性胚芽”，这些人比诚实性胚芽少的人更容易做出细心、彻底的行为。但这也不是说诚实性胚芽少的人就不诚实、不细心，只是相比之下，这些人需要更多地付出后天的努力。由于天生的性格不同，每个人的起跑线是不一样的。

比如，我的诚实性就不是很高。所以如果接到需要细心的工作的话，从开始到做完此事的整个过程，我都会感受到很大的压力。相反，我周围那些天生就有很高的诚实性的熟人就不会感到太大的压力，他们能轻松地完成这类工作。而我为了展现出相同程度的细心则需要全身心投入，看着那些随随便便就能完成任务的人，我甚至会产生嫉妒的情绪。

外向性的人也是一样的。一个人即使外向性很低，也不会成为隐居的局外人，他还是要与他人交际。但是外向性不高的人相比外向性天生就比较高的人需要消耗更大的能量。

实际上，内向的人并不是因为不喜欢与人们融洽相处而做出内向性行为的，他们也喜欢与人们融洽相处，但是这需要投入很大的努力和精力。为了发挥社会性，他们需要消耗的精力比外向性的人多很多，所以这类人会尽量避开社交型场所。

就这样，我们携带着不同的性格生活在这个世界上。在相同情境下，我们也会根据各自不同的性格做出不同反应，得出不同的结果。对于相同的目标，我们会投入不同程度的努力。

性格会对我们的行为和人生起到很大的影响。

但是我们的性格并不能决定我们人生的所有事情。根据天生的性格行动的话，性格会决定我们的大部分行为，但是现实没有那么简单。生活中，我们都想根据自己的性格来行动，但是很多情况下，我们担当的角色等需要我们扮演成另一种人。这时候我们会“扼杀”原来的性格，根据其他准则（例如各种社会规范）来行动。

如此不完全跟随自己的性格，努力做出不符合自己性格的行为的现象，叫作“自我管制”（关于自我管制，后面会谈到）。

我们限制自己随着天生的性格行动的时候，会使用前额叶（也就是发挥自我管制）。所以一般来说，我们的行为是由天生的性格加上根据情况发挥的自我管制决定的。

所以，我们的性格会影响我们生活的整体形势或者“一般性”的行为和思考方式，但是并不会决定我们在每一个细节上表现出的行为。我们具体的行为不仅取决于性格，还取决于很多情景要素，自我管制里的多种认知，行为的技术等。这就是内向的人有时候表现得像外向人一样的原因。

有关性格的话题就到此为止，下面我们来看一下与做好社会活动有很大关系的性格特征——外向性。

外向的人更容易获得快乐

你周围是否有总是活泼、嗓门高、喜欢与人融洽相处的人呢？如果有，那他就是外向的人。

外向的人不管做事还是玩乐，都喜欢与别人一起。我们通常说到的“社会性好”的人表现出来的行为特征就是这种外向的人拥有的特征。

外向的人会因为较高的社会性而获得多种益处。最具代表性的例子就是他们很容易就能得到其他人的好感，在面试的时候也会因为他人的好感而获益，所以外向的人进入复试的概率更高，最终被录取的概率也高。

他们不但能获得别人的好感，而且容易喜欢别人，所以更容易维持圆滑的人际关系。他们在工作上也会保持较好的人际关系，所以对工作的满意度也较高。（考虑到离职的代表性理由——人际关系问题，我们就能知道职场上的人际关系越好，对工作的满意度越高。）

成功的人并不是聪明的人或者有钱人，而是人际关系好的人。外向的人能以良好的人际关系为武器，在工作上获得较顺利的进展。如果自己创业，外向的人成功的概率也更高。

也就是说，外向的人会由于较高的社会性而受益。所以社会上会出现把外向的人作为榜样的倾向，而社会性不足的人会想到要提高自己的社会性。

没有外向性胚芽的人为了发挥与外向性的人同等的社会性，需要付出更多的努力和精力。稍微夸张地说，这就像种了土豆种子，但是想要让它长出红豆一样，这样的做法有可能成为扼杀自己的行为；而且与其他所有性格一样，外向性也有很多缺点。

所以学者们建议还是活出自己为好。内向的人要满足于必要程度的社会性，去做社会性要求不高的工作，尽可能避免社会性要求较高的工作，这样选择才能获得幸福的人生。因为性格很大程度上是天生的，不容易改变。没有比发挥自己天生的性格特长更明智的事情了。

外向的人的另一种特点是一直充满能量，看起来很开心。相比内向的人，他们看起来总是精力充沛，非常活跃，而且不管做什么事都会很开心。总的来说，外向的人比内向的人能感受到更多的快乐。即外向的人总是追求快乐，不管在哪里，都能很好地发现快乐的要素。

实际上，学者们所解释的外向性的核心要素就是“对快乐的敏感性”，即努力追求快乐并且能很好地发现它的能力。实际上，能与人融洽相处（社会性高）并不是外向性的核心要素。当然，高社会性是外向性的重要特征，但是这是外向性的核心要素衍生的副要素。很多人把高社会性定义为外向性，所以会觉得这种说法很意外，但是这种说法是真实的。

外向的人天性就是努力寻找快乐。而日常生活中具有代表性的快乐的事情就是与其他人在一起。因此，外向性的人会结交很多人。如果在日常生活中容易找到的快乐的事情不是与人融洽相处的事情，而是另有别的事情的话，外向的人会毫不犹豫地选择那件事情。外向的人之所以社会性较高，只是因为能容易地找到的快乐，碰巧就是与人融洽相处这件事情。

实际上，相比于外向性与社会性的关系，外向性与乐观情绪，即与快乐的相关要素有着更大的相关性。外向性比社会性更注重感受和寻找快乐。

同理，外向性的人可以称为幸福的人。前面曾提到，在寻找幸福的重要活动中，最具有代表性的就是“与人融洽相处”。外向的人相比内向的人，会更加积极地参加各种社会活动，由此在日常生活中感受很多快乐。不仅如此，他们还会积极出去寻找快乐，也有很好地发现快乐的能力，所以能更容易地维持快乐的生活。实际上，外向性在五个性格要素中与幸福有着最大的相关性，所以外向性的人比其他人的幸福度高很多。

想到外向性的人，我们的头脑中通常会浮现这种情景：对无聊的状态没有耐心，总是寻找快乐的事情，一刻不做快乐的事情就不知所措，等等。我们知道，外向性的人几乎不会一个人在家里待着，而是经常参加聚会，在聚会上主导气氛，快乐地讲话。

我的母亲是我见过的最外向的人。首先，母亲白天几乎从不待在家里。她总是早晨出去，晚上才回来，每天平均参加两个以上的聚会。如果某天没有外出聚会的事情，她就感到全身不适。最近在家待着的时候，她会用智能手机频繁地发短信。如果无聊到了极点，她就翻翻长长的联系名单，将自己的朋友约出来，毫不犹豫地出门。

在聚会上，母亲会以特有的笑声压倒众人。她每次都是说得最多、笑得最多的那个人。好像如果没有母亲，那里就会变得非常安静似的。几年前，母亲就开始减肥，但是由于过多的聚会，一点儿都没能减下来。但是她比谁都幸福，所以也坚信自己比谁都健康。

相反，我有一个性格内向的朋友——“海带”小姐。她总是全身无力，所以才有了“海带”这个昵称。她从早上起来到晚上睡觉，一直待在家里也不感到无聊。在家里看看书、做做简单的运动就能让海带小姐度过满意的一天。如果需要出门的时候，她会经常说“真麻烦”。

当然，这些是片面的例子，不能一般化，但是这些例子能很好地表现出不断需要刺激的外向的人和相对内敛的内向的人的性格差异。现在，请想一想你周边的人是内向的还是外向的。

外向性格有长处也有短处

与其他所有性格要素一样，外向性也有长处和短处。长处是指社会性高，而且容易感到幸福。那么外向性有哪些短处呢?

外向性高的人有时候嗓门高。他们一般都过于自我或者很固执，看上去像是独断独行的人。一些研究表明，如果从事营销工作的话，外向性太强反而会影响业绩。可以想象，这类人只会说自己的，而不听顾客的意见。外向性高有助于一般的社会生活，但是超过一定的限度反而会影响生活。

此外，外向性还携带着一些负面因素。外向的人是极力想寻找快乐的人。所以只要感到快乐，不管多危险，他们都克制不住冒险的念头，所以外向的人更容易卷进事故。他们喜欢为了寻找快乐的事情（比如见其他人）而四处走动，所以传染病流行的时候，这类人的死亡率也会升高。

这些性格要素具有魅力的原因是所有要素都有各自的长处与短处，所以不能说哪种性格更好，哪种性格更差。我们也不需要特别羡慕某一种性格。小时候我认为我的性格最奇怪，其他人的性格都没有问题，实际上，每个人都有自己的个性。

社会性较弱的人可能想要成为外向性的人。但是做到这一点可能需要很大的决心，就像鱼决心要上陆地生活一样。而且前面也说过，外向性也附带着一些负面因素。

我们能做的就是准确地把握好自己的性格，弄清楚自己的性格在各个性格要素中处于哪个位置（例如，外向性和圆滑性较高，但是诚实性较低，其他性格要素居中），以及每种性格要素都有哪些长处与短处。但是意外的是，很多人都没有很好地做到这一点。

把握好了自己的性格，我们还需要选择能扬长避短的工作和环境。内向的人最好不要选择有很多聚会或者需要很高的社会性的工作或者环境。

但是没有任何变化或者不需要任何努力的环境容易变得无聊，所以最好能进入既能发挥性格特长又要付出一定努力的环境。如果是外向的人，就尽可能发挥自己的外向性特长；如果是内向的人，就选择不需要太高的社会性但是偶尔能让人快乐的环境。

而且对于处理人际关系而言，外向性并不是万能的。为了建立和维护良好的人际关系，内向的人不仅要像外向的人那样努力与别人相处，还要掌握多种与人相处的技术。技术层面的事情是可以通过努力来掌握的那一部分，所以内向的人不要因为自己的性格保守而埋怨社会生活不如意。

所以，与其改变自己的生活，不如在自己固有的性格基础上找到与人相处的好方法。

下面是性格的五要素理论的简单整理：

对经验的开放性

喜欢冒险、旅行、新体验等，而且拥有出色的艺术感。与创新能力强、好奇心强及高智能也有关系。对经验的开放性高的人从不介意尝试新的事物。

诚实性

细心，仔细，彻头彻尾。在五大性格要素中，这是最容易看出来的特征。从桌面和电脑桌面的整理情况就能看出来。这种特征越高，在学校的成绩也越好。具有这种特征的人意志力强，所以能认真遵守与健康相关的一些令人厌烦的规则，健康长寿的概率也高。但是诚实性过高会导致完美主义倾向或者自我管制力过强。具有这种特征的人可能在周围人当中没有人气，或者自我幸福度有可能偏低。

外向性

喜欢与人相处，活泼外向。偏向于人际交往，易感到幸福。具有寻找快乐事情的核心特征。但是过于自我，追求刺激，所以容易被称为独断者，容易做出危险的举动，容易坠入情网。

圆滑性

善良，不喜欢与他人有隔阂，喜欢帮助别人。人际关系处理得很圆滑，被周围人喜欢。但是不太会拒绝别人，所以容易成为保证人，或者有被骗的危险。有研究表明，圆滑性强的人信用等级较低。

神经症

担心多，对危险的感知快，敏感。容易感受到压力，所以身体变差的可能性高，幸福度低。具有这种特征的人会导致周围人变沮丧，离婚率也高。在危机情况下能最快地躲避，生还到最后的可能性高。

一项能量消耗和控制的实验

外向的人的最大特征之一就是任何时候都充满能量。而社会活动对所有人来说都是需要消耗很多能量的活动。所以有人会认为“能量”本身就是使得人们能进行社会活动的重要因素。也就是说，有了适量的能量，人们才能发挥社会性。我们来看一下与此相关的一项研究。

首先，能量的概念很重要。对于人类，能量意味着能进行所有活动，即能为所想所动提供所需的“燃料（葡萄糖）”。如果进行了激烈的活动使得体内可用的燃料急剧减少，我们就会收到“疲劳”和“劳累”等信号。

重要的是，越是需要更多能量的事情，人们越是会慎重考虑。例如你要去一个地方，是走着去还是跑着去？有充分能量的时候，两种选择都可以。但如果是在能量少的情况下，跑过去的话，能量可能不够。所以这时候要选择能量消耗更小的步行。

能量不足，人们就会尽可能避免劳累的活动，选择消耗较少的活动。即疲劳的状态下，“能量消耗多少”是选择哪种运动的重要因素。

在疲劳的情况下，让人们选择A或者B活动，我们通过选择结果就能看出哪种活动相对更容易一些。如果某个疲劳的人在A和B中选择了A，则对于他来说，A这件事比B要更容易一点。

鉴于此，“社会生活比什么都难”这句话就得到了验证。如果社会活动确实是非常累的事情的话，在能量少的时候，相比于激烈的身体活动，人们更愿意避开社会活动。

例如，在很疲劳的时候，让你从大清扫和聚会中选择一件事，你会选择哪一件？

如果你选择了大清扫，那就是说聚餐等社会活动对于你来说比大清扫这个体力劳动需要消耗更多的能量。如果社会活动需要相当多的能量，那么这种活动在能量缺乏的情况下就会被抛弃。即能量低的时候，人们相比于其他活动更不想选择社会活动。随着能量降低，人的社会意向，即社会性尤其会降低得很快。

我们来看一项实验。这项实验有能量消耗和控制两个条件。实验是一项项逐一进行的。在消耗能量的条件下，研究人员让实验参与者使用压力器消耗体力。在控制条件下，研究人员让实验参与者只是摸一下压力器。对于参与者，研究人员只是说明了此实验是评价压力器性能的实验。

然后，他们按照要求完成了简单的问卷调查。研究人员给他们问卷的时候说："完成问卷之后，将其提交给303室的某个人，或者放进走廊尽头的箱子。"

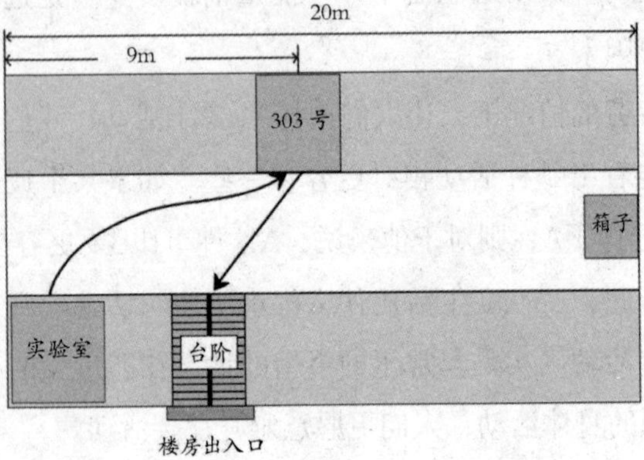

把问卷递给303室某人的情况（社会情景）

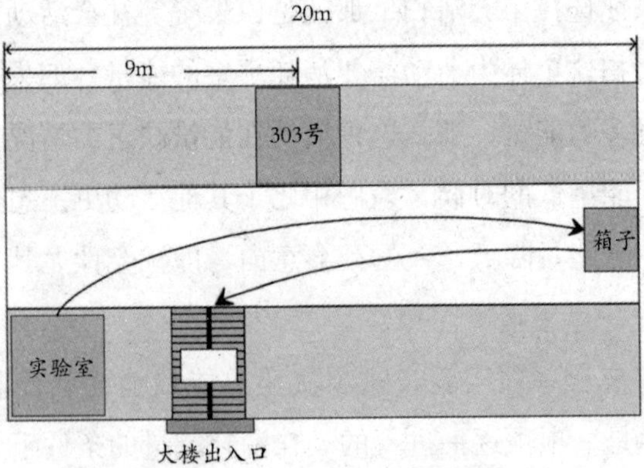

到走廊尽头提交问卷的情况（非社会情景）

我们来看一下上页的图。第一幅图是实验参与者去找303室的某个人的路线。进行实验的建筑是房间的门隔着走廊相对的结构。303室离实验的房间不到9米，而且出大楼时必须经过的台阶就在对面。所以去303室提交问卷的实验参与者可以移动最少的距离，即去303室提交问卷在体力上不会消耗太多，但是必须经历短暂面对一个人的社会情景。

相反，在第二幅图中，去走廊尽头提交问卷需要消耗更多的体能，但是不需要去见人，所以这是非社会性情景。实验室与走廊的尽头的距离是20米。考虑到要先提交问卷，然后再出门，实验参与者需要走的路程比去303室多一倍。

如果在去303室向某人提交问卷这一短暂的社交情况下也消耗相当多的能量，也就是说和某人短暂的相见比走20米消耗的能量更多，那么已经消耗了能量的实验参与者会避免去见那个人。

那么现在好好想一想：如果你是这个实验的参与者，你会选择哪一项？你会选择走更多的路，避免见人吗（即向人提交问卷是更消耗能量的事情吗）？现在我们来看看实验结果：

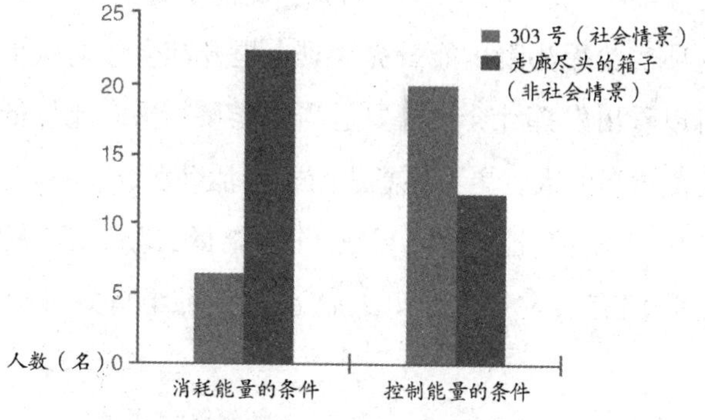

消耗能量的条件VS控制能量条件下的社会性

上页图表的纵坐标是人数，横坐标是消耗能量和控制能量的情景；有色的柱子是去向某人提交问卷的人数，灰色的柱子是去走廊尽头把问卷放进箱子里的人数。

通过结果可以看到，消耗能量的人（消耗能量条件）相比起没有消耗能量的人（控制条件，没有消耗能量的平常状态）更多地去走廊尽头把问卷放进箱子里了。短暂使用了压力器的人会非常主动地避开与人见面，即社会性急剧下降。

这是非常令人吃惊的结果。研究人员预想到消耗能量的人不喜欢与别人见面，但是没想到能有如此巨大的差距。只是消耗了一些体能就表现出社会性急剧降低的状况，是不是也在说明人与人相见的社会性活动需要相当多的能量呢?

结束了忙碌一天的工作，你在回家的路上看到前面有认识的人，面对这种情况，你是否也有过为了避开碰面而特意绕道而走的经历呢?不管外向性多么强的人，也有想一个人独处的时候。一个人即使与身边人相处得很好，在某个瞬间，他也想独自待会儿。这样看起来，社会性也会变化，甚至会在一天之中变化好多次。这种现象是否与我们的能量有密切关系呢?

这项实验无法看出能量提高具有提升社会性的效果，但是起码可以看出发挥社会性需要适当的能量。平时能量低的人相比起能量较高的人，更不愿意进行社会活动。

考虑到发挥社会性需要适当的能量，所以与人相处的时候，我们有必要提前吃好，这也是一种维持好社会性的好方法。

自我控制力是训练出来的

人不能百分百按性格说话办事，我们需要偶尔做一些与自己本来的性格不符的事情。

为了能成长为像样的社会人，我们不能把所想的直接用语言或者行为不假思索地表现出来。有时候我们需要隐藏心底的声音，做出对社会和他人有益的行为。自我控制力对此就能起到帮助作用。自我控制力包含以下几个层面的内容：第一，达到某种目的；第二，抑制不必要的欲望；第三，为了既定的目的控制行为和感情的能力。简单地说，自我控制能力就是“通过克制自己的本能活着的能力”。

例如，在公司里，上司因荒唐的事情跟你较真，你因为没做错什么而被气得无法忍受，脑子里萌生出“揍他一顿”的想法，身体也蠢蠢欲动，但你还是会装得像没什么事一样，仍然面带微笑。虽然你很想揍他一顿，但是一双分期付款的漂亮的皮鞋正水汪汪地看着你。一次痛快的发泄可能会造成长期的噩梦，所以你以微笑面对上司的无理取闹。就这样，自我控制力能使你想到“未来的目标”，克制一时的冲动，做出正确的行为。

据说，人们如此纠结的心理活动（进行自我控制）是人类区别于其他动物的重要特征。没有其他动物像人类这样需要克制自己的本能。其他动物都是想吃的时候吃，想拉的时候拉，想攻击的时候攻击，但是人类想吃的时候还要想着减肥，不管多着急都不能在室外排尿，想揍上司或者讨厌的朋友时则会克制愤怒。

每个人的自我控制力都有所不同。在这方面，有些人相对较差，有些人则比较好。对于成为所谓的“好的社会人”，好的自我控制力能起到重要作用。

即便是四岁多的孩子，他们的自我控制力也不一样。比如，有人给孩子们分巧克力，然后跟他们说巧克力可以立即吃掉，但是忍住不吃，再等一会儿就能再得到一块。如果遇到这种情况，你会怎样做？性格很急或者不能忍住食欲的人可能会立即吃掉眼前的巧克力。他们可能会想，为了更大的利益，忍住现在的欲望到底有什么意义？如果你也这样想的话，那么你的自我控制力就偏低。

心理学家翔田佑一和同事们的研究表明，战胜想要立即吃掉的冲动，为了更多的利益而等待，能控制自己行为的孩子，在成长为青少年后更有可能成为在学习上更有能力的学生。

在社会生活的过程中，在与他人建立人际关系的时候，我们总会为了达到自己的目标而抑制某些时刻的欲望，并且按照一些规定和要求调整自己的感情和行为。例如，在面试的时候，面试官以严苛的表情望着你。在那一刻，即使你感到害怕或者生气，也不能把那种情绪表现出来。为了达到合格的要求，你需要隐藏自己的感情，尽可能表现得从容得体，把自己“有能力又庄重”的一面展现出来。

像这种为了得到对方的认可，不管自己愿不愿意都要在社会生活中展现出特定人格的行为，就叫作“自我展示”。自我展示在社会和生活的每个角落都不可或缺。而且它需要自我控制力，需要抑制住本来的欲望和情绪，调整自己的言语、表情、行为，以迎合外部要求。实际上，自我控制力高的人相比自我控制力较低的人对此拥有更熟练的能力，能在各种困难的社会情景下恰当地包装自己，成为“人们眼里的好人”。

一个有意思的事情是，自我控制能力是高级的认知能力，要在大脑里消耗相当多的能量。我们的大脑单位面积消耗的能量比任何其他器官消耗的都要多。在大脑的这种活动当中，脱离已有的逻辑思维习惯或者框架，想出新办法或者自我控制的过程相比背诵、单纯计算所消耗的能量多很多。

像自我控制力一样，如果消耗更多能量的高级认知能力在社会生活中频繁使用，就意味着社会生活并不是轻松的事情。这与能量消耗过多能导致社会性低下的事实是同样的道理。因为频繁使用消耗更多能量的高级认知能力，所以社会生活会很难。也就是说，我们要有充分的“燃料”才能发挥出社会性。

关于意志力和自我控制力的趣事：

自我控制力通常被称作“意志力”。前面也说过，这种意志力需要消耗相当多的能量，现在我们来具体解释一下。

我们身体里的能量是有限的。而意志力或者自我控制力需要消耗很多的能量，这意味着我们不能随心所欲地发挥出这些能力。即我们的意志力是有限的。假设我们在玩电脑游戏的时候使用了某一特技，那么下一次使用时，我们就要等到能量充满。自我控制力也与此相似。一直进行自我控制，能量总有耗尽的时候，想重新发挥这种能力，我们就需要能量的重新积累。

罗伊·鲍迈斯特和他的同事们认为，人们在做好需要自我控制力的第一轮课题之后，就很难再做好需要自我控制力的第二轮课题了。重要的是，第二轮课题如果不需要自我控制力的话，执行能力不会降低；但是如果是需要自我控制力的课题的话，执行能力就会下降。

自我控制力课题包括不允许吃喜欢的食物（只让人盯着眼前刚做好的饼干），让人们抑制住遵守熟悉的规则的倾向（在游戏中突然改变规则），让人发挥持久力（握住压力器），等等。例如，第一轮课题选择抑制想吃的食物，第二轮课题选择做持久力测验或者突然改变游戏规则。在第一轮使用了自我控制力的人相比没有使用自我控制力的人，在第二轮的执行力显著降低。随机改变自我控制课题的组合和顺序，结果也是相同的。但是第二轮如果进行了解数学题等较为困难但是不需要自我控制力的课题，人们即便在上一轮使用了自我控制力，执行力也会很好。

学者们看到这些研究结果，想到了是否有与自我控制力相关的特别资源。最近他们发现这个资源就是葡萄糖。学者们确认了人们在进行第一轮自我控制课题后，喝糖水就能很好地完成第二轮课题。当然，把糖水换成有甜味的水的时候，自我控制力就没有得到恢复。

通过这些多样的研究得出的结论是：自我控制力是人类的多样技术当中能瞬间消耗很多能量的高级技术。大脑是人体中单位表面积消耗糖分最多的器官，在大脑活动的过程中，尤其消耗能量的活动就是自我控制能力。所以一旦使用自我控制能力，能量会急剧降低，人们就要等到能量恢复之后才能进行自我控制。

由于自我控制能力具有这样的特点，所以我们会发现很多有趣的现象。首先看一下减肥，减肥需要非常强大的意志力。但是如前面所说，发挥意志力需要消耗很多能量。而单纯地节食会使意志力枯竭，所以这样减肥很容易失败。为了做到成功减肥，我们不能盲目节食，还要适当地补充葡萄糖。戒烟也是非常具有代表性的需要发挥自我控制力的例子，在戒烟的时候，我们最好也适当地补充一些葡萄糖。

在社会生活中，我们也可以使用葡萄糖。例如，要想在讨厌但是不能攻击的人面前控制好表情，我们最好提前吃点糖或者巧克力。

做完一天的工作，用尽了所有能量之后，到了晚上，我们就会像松了绑的野马一样做出一些奇怪的事情。有时候我们会变得多情，会给前女友打电话或者在日记本里写上一些奇怪的话。我们表现出与平时不一样的原因是，“绷紧神经，控制行为的能量已经耗尽了”。

有些人还会在没有做完该做的事情的情况下，热衷于其他事情。比如，不想复习的时候莫名其妙地打扫房间。这类行为如果成为习惯的话，我们就很难从拖延症中解脱出来。因为做了其他事情，消耗了能量，我们就更难利用意志力把该做的事情做完了。所以对某件事很烦，不想做的时候，最好的方法就是选择休息，什么都不做。这时候，我们需要补充再次鞭策自己的能量。

发挥意志力需要消耗相当多的能量这一事实会形成很多这样的现象，所以这些知识的重要性不容小觑。在需要发挥意志力的重要情况下，我们应提前安排适当的休息或者摄取适量的葡萄糖，因为提前准备才能有备无患。

第五章

心理读人术：一眼识透微表情微动作

为了人际关系需要学会舍弃

来做一下下面的“OX”题（O表示肯定，X表示否定）。

1.恋人、朋友之间产生意见差异会不利于维持双方关系。（OX）

2.假如双方是很好的恋人、朋友关系，不需要表达就能知道对方的想法和感觉。（OX）

3.为恢复已经出现裂痕的关系而改变自己是不可能的。（OX）

你认为其中有几个答案是肯定的呢？不管对错，上面的文字要说明的是对搭建良好的人际关系有妨碍作用的观念。所以选X越多，表示对人际关系的看法越正确。仔细看看你选了O的条目，并认真想一想，为什么这些想法会妨碍搭建良好的人际关系呢？

1.不能容纳其他意见

每个人都与其他人不同。不管性格和价值观多么相似，一个人都不可能与另一个人完全相同。从细小的生活习惯，比如袜子反过来脱对不对，好吃的菜应该最先吃还是最后吃等，到沉重的价值观问题，比如如何生活等，不管大事小事，世上的所有人都会有意见上的差异。

如果否定这些自然形成的意见差异，认为关系好的恋人、朋友之间绝对不能有意见差异的话，两人之间的感情会出现矛盾。这些人可能会想“对方与我有不同意见，所以不能成为好的恋人、朋友关系”，而且会很容易放弃关系，忽视细微的矛盾，最终导致问题爆发。所以，如果人际关系中出现了意见差异，我们不能回避矛盾，而要努力做到互相理解，找到好的和解点，这才是建立成熟的人际关系的对策。

在生活中，意见差异有时候会有很大帮助。与他人的关系出了问题的时候，我会一直抱怨对方。但是身边有个朋友经常跟我说：“不对，我不这么认为。”听到这种话的那一刻，我会觉得“这家伙到底是谁的朋友”，而且感到有些寒心。但是这位朋友能客观地看待事情，并且能以局外人的立场表达中肯的意见。所以听完朋友的话，对于之前完全无法理解的人我也渐渐觉得能够理解了。这也使我经常反省自己是不是过于狭隘了。

有些人为了不表现意见差异而无条件地表示赞成某件事，这看起来是很容易而且很平和的人际交往方法。但是不畏惧意见差异，发自肺腑地说出的真实想法，有时候会成为有效解决问题的钥匙。我们都是用自己的视角来看待世界的，如果有人能以不同的视角看世界，并将自己的真实想法讲出来，我们就能接触到更广阔的世界。

因为持有不同视角的人的存在，我们的创新能力也会得到提高。有时候面临自己无法解决的问题，我们可以想一想，如果是其他人（自己周围的人或者像乔布斯这样的伟人）面临同样的状况，他们会怎么做？这种方法对于找到问题的全新解法很有帮助。

2.不说也都知道了吧

与最亲的人说话的时候，你会认为不管你说得多么少，对方都能听懂吗？换句话说，你认为对方能从你的眼神里看出一切吗？但是前面也说了，通过眼神来猜测他人的想法是非常困难的事情。你要高度绷紧神经。如果女朋友说“这钱包好漂亮”，你就要通过自己的大脑将其转换成“立刻给我买”的意思。这是非常困难而且让人觉得疲惫的事情。强求身边的人做这么疲劳的事情是不是不太合理呢？

而且，眼神也不是万能的。通过眼神猜测对方的想法，其实就是运用自己的经验揣摩对方的想法和感受。我们最终也只能想到“我经历此事的时候是这么做的，所以对方也是想这么做吧”这一层面。即除非你经历过世间所有事情，否则眼神只是限定的主观想象。

这些就是眼神的限制。如果我们不把自己的想法和感觉尽可能正确地表达出来，对方就会非常疑惑从而造成沟通不畅。所以我们不能觉得自己不说对方也明白。你不说，对方就不知道。如果你因为坚信自己不说对方也会知道，而没有正确地表达自己的意思的话，就要好好想想是不是这种想法造成了误解，或者是不是你没有充分表达自己的想法。

3.恢复关系是不可能的事情

你认为你的能力或者你周围的环境能改变吗？我们对“变

化可能性”的认识或者概念包括“个体论”和“增量理论”。个体论相信我们的能力或者环境不会改变，增量理论认为这些通过努力是可以改变的。持有两种不同理论的人在多数情况下看待事情的方法也不同。

比如，在解数学题的时候，相信智商不会改变的人，如果碰到稍微难点的题的话，不管自己的智商高不高，都很容易放弃。

相信变化的可能性和发展的可能性，总会给人们带来希望和尝试的动力。相反，相信某事没有希望的人，会感到没有理由去努力或者去投入，所以更容易放弃。由此可见，不管现实是怎样的，我们都要拥有乐观的心态。

智力和性格很大程度上取决于遗传。但是很多人现在仍然相信这些因素是可以改变的。这是否反映了大自然要让人类继续努力的意志呢？如果人类的眼光非常现实，那么我们可能比现在更不努力。而且那些当时看起来没什么，但是后来改变了世界的事情也会变得更少。如果没有为了飞行的梦想而不断尝试的人们，飞机就不会被发明出来。如果人类非常现实的话，人类文明会比现在落后很多。

对于人际关系，如果相信这样的个体论，也就是说，如果认为人际关系不能发展，良好的关系也有限度的话，那么即便面对很小的矛盾，我们也会很容易放弃，选择逃避。还没有认真开始某一段人际关系，我们就有可能已经认为“这段关系不行”了，从而直接选择放弃。

人们对于建立人际关系的动力不会改变，所以会很容易对人失望或者早早放弃，经常会想到“这个人不适合我”“这个人的特点不会改变，没必要跟他好了”“适当保持距离吧”，等等。

我们抱着对人际关系的怀疑态度生活着。我们通常认为人们只是根据外表或者简历来判断一个人，而且完全了解一个人是非常困难的事情。一个具有代表性的例子就是男性和女性对于彼此的角色或者心理持有固定观念。这些怀疑性的态度不管真实与否，都会使人变得消极，妨碍人们建立健康的人际关系。

有关人际关系的这些概念或者固定观念的有害之处是，它会在不知不觉中对你现在的整个人际关系产生很大的影响。由于相信人是不会改变的，所以一旦人际关系稍有问题，不管对方是朋友、同事还是亲人或者恋人，我们都会想从各种关系中逃脱出来。最恐怖的是，这些想法会在自己的潜意识里一直持续。除非有什么契机使自己醒悟到这一点，否则我们会一直按照这种固定观念行动。

想建立良好的人际关系吗？那么首先回顾一下，你的固定观念是否在你与其他人之间竖起了一堵墙。

归因：为什么会发生那种事情

有的管理者看到迟到的下属，就主观认为“那个人很懒”。虽然这是错误的看法，然而在生活中非常普遍，我们时时刻刻注意着人们的行为和话语，判断那个人为什么做出那种行为，那个人有哪些特点等。这种做法被称为是寻找归因，即寻找行为的原因。

A：我与B聊天，用找碴儿的方式与他开玩笑。但是他突然发火了。我看他的性格真是多血质的啊！

我们来看一下这种情况下B的多血质水平。如果满分为10分，他能得多少分呢？

接下来听听发火的当事人B的意见吧。

B：今天早晨开始，我就遇到了很多不顺心的事。早上起床晚了一点儿，没能赶上公交，迟到了。到了公司后，碰洒了咖啡，弄脏了衣服。平复心情后去见朋友A，但是他又找我碴儿，所以我就不自觉地发火了。

现在，重新评定B的多血质分数吧。满分为10分，你能给多少分？你应该会觉得这次的多血质分数比第一次要低吧？产生这种差异的原因是什么呢？

别人发火或者迟到的话，我们一般会评价这些人多血质或者很懒。相反，自己做了相同的事情或犯了相同的错误，我们会想到当时自己的情绪不好或者堵车了等理由。

在包括多血质、懒惰在内的性格特点里寻找某种行为的原因，叫作“内在归因”；在外部因素中寻找某种行为的原因，叫作“外部归因”。在不同情况下，导致某种行为出现的要素也是不一样的，而且有时候内在要素和外在要素会同时成为原因。需要注意的是，我们对于自己犯的错误会主要去找外在要素，而对于别人的错误会主要去找内在要素。

A的情况是典型的内在归因，他将B发火的原因归结为多血质性格。但是实际上B不是多血质，而是那天刚好经历了一些没有预想到的事情，所以处于容易发火的状态。但是我们一般不会想到“他可能有什么原因吧”。对于自己的失误，我们不会想到“因为我没能力”“因为我懒惰”等理由，更容易想到“当时因为是那种情况”等理由，而且会觉得“我这样做是浪漫的，别人这样做就是不合伦理”。

所以，给其他人的错误直接贴上“这个人本来就是这样的人”的标签是非常可怕的事情。对于造成贫穷的原因，有些人会贴上“这是因为人们贪婪”的标签，丝毫没有帮助的意向，但是自己受到金钱上的损失的时候，他们会埋怨市场和社会的不合理性。看到工人们示威就认为工人是野蛮的人，但是如果自己被解雇了，就哭着喊着说自己的生活是多么困难。我们不觉得里面有矛盾吗?

我们的生活肯定不会完全按照我们的想法进行。我们所有的行动，我们的生活状态不仅受到自身内在特性的影响，还受到环境的影响。有些人非常认真地准备了自己的应聘资料，结果却未被自己向往的公司录取；有些人辛辛苦苦积攒的钱一瞬间全被骗走了；由于一些历史性事件，例如战争，有些人的人生变得支离破碎……这些都很好地说明了我们的人生有时候会被我们能力之外的外界环境要素支配。所以在判断一个人的行为或者某人过着某种生活的原因的时候，如果只考虑内在要素，那就等于我们只是做出了一半的判断。如果某人对你的失误做出的判断是“那全都是因为你懒惰和无所作为才导致的”，你不觉得冤枉吗？

美国有一位名叫吉诺维斯的女性被人捅了几刀，死亡了。当时这个事件成为社会热议话题的原因是目击者非常多。虽然事情是凌晨发生的，但是事发地点在居住人口较多的地区，而且这女人也喊了“救命”，所以有四十多个住户知道那名女性处于危险中。有些人还对凶手喊“放了那个女人”。但是没有一个人报警，也没有一个人出来帮助她。结果，那位女性在众多目击者的围观下死去了。

当时这个事件被大书特书，舆论把这场惨剧发生的原因归结为现代人的自私和冷漠。但是心理学家们的看法不一样。他们认为原因并不在于现代人的自私心理，即内在特性，而在于当时的状态，即外在因素。

如果一个人在房间里，看见烟从门缝里冒进来，他会认为房子着火了，然后立刻跑出去，或者立刻采取行动。但是这种反应速度会随着房间里人数的不同而有所不同。

实验参与者是一个人或者多人在一个房间。研究者从门缝里把烟吹进实验参与者进入的房间。这时，只有一个人在房间的实验参与者当中，在出现烟的前两分钟内从房间出来的有75%，他们报告说，“有点不对劲，感觉在冒烟”。而几个人在同一个房间的实验参与者都在看其他人，从房间里出来的只有13%，说“感觉有点不对劲”。研究人员询问了看到烟而没有做出反应的人为何没有行动，他们回答说，虽然感到不安，但是大家都待着没动，所以就认为没什么事情。

之所以出现这种人越多问题越难以解决的情况，是因为责任被分散了。在出现问题的情况下，聚集的人越多，人们越会产生“除了我，应该还有人会出来应对”和“如果没什么大事的话，这样贸然站出来反而会很丢脸”等想法，而且这样的想法会支配我们的行为。如果是N个人在一起的话，个人感觉到的责任感就是N分之一。所以一个人不管平时多么乐于助人，在出现这种问题的情况下都会保持沉默。

实际上，面对处于危急状况中的人，周围的人越多，我们亲自去帮助那个人的概率就会越小。实验表明，在看到需要帮助的人时，如果是在一对一的情况下，85%的人都会给予帮助；在目击者是四个人的情况下，有62%的人会给予帮助；在目击者是七个人的情况下，只有31%的人会给予帮助。没有提供帮助的人的理由是：其他人会提供帮助。

所以学者们建议，在需要帮助的时候，不要跟所有人说：“请帮助我！”要针对一个人说：“那边穿黄色衣服的人，请帮帮我吧！”这样能形成一对一的求救情景。

通过这些例子可以看出，我们的行为受周围环境的影响很大。可能每个人都有助人的心理，但是根据情景不同，我们的行为会有很大区别。所以社会心理学和性格心理学一直是以“社会及性格心理学”这一名称联系在一起的。行为的原因总是内在要素和外在要素相互作用而产生的。

所以我们要尽量避免只是看到了一个人的一种或者几种行为就妄下判断的做法。如果想一想“对方可能有那么做的原因”的话，我们就能尽量减少关于对方的不必要的失望感或者错误判断。

网上经常会上传“某某女”或“某某男”等没有前后情景的照片或者短视频。看到这些照片和视频的人会轻易去批判他们，结果这些“某某女”或“某某男”就被称为万恶的人了。事实上，网上的图片和视频并不能很好地展现出完整的情景，人们看到的只是当事人当时看起来错误的行为，所以人们会更容易批判他们。

但是随着事情真相的披露（有些事情是在不得已的情景下发生的，有些事情的发生是有前因后果的），人们发现网上的舆论是错误的。这样的事情会给当事者造成非常大的伤害，而且成为一个社会问题。为了避免出现“老外街头扶摔倒大妈遭讹1800元”之类的事情，在听到“看看那个人，他真的是很坏的人啊”这种说法时，我们不要草率地做出判断，而是要用谨慎的态度进行判断。

捕捉细节，看穿对方的心思

正如“人心难测，海水难量”和“你真的不知道我为什么发火吗”等这些话成为十大未解之谜一样，读懂他人的想法和感受其实是很困难的事情。不过话又说回来，要在社会中生活，读懂人心是不可或缺的一门技术。那么，我们是否真的能读懂他人的心思呢？

观察下图。瑟莉正把球放到篮子里。瑟莉离开之后，安迪把篮子里的球放进了箱子里。过了一会儿，瑟莉回来了，开

瑟莉会在哪儿找球

始找球。瑟莉会在篮子里面找球，还是会在箱子里找球呢？思考一下，然后回答吧。

答案是“在篮子里找球”。原因在于瑟莉根本不知道安迪将球放进了箱子里的事实。她最后一次看到球是在篮子里，所以她自然会从篮子里找球。如果你的答案是在箱子里找球的话，那就暂时反省一下吧。

我们将四岁以下的孩子作为实验对象是做不好这种简单的课题的。因为他们不理解其他人会持有与自己不同的视角、想法和感受的事实。虽然瑟莉没有亲眼看到球被放进箱子里的情形，但是自身（参加实验的孩子）却看到了这一幕，所以自身会认为瑟莉也知道这一事实。孩子们不知道瑟莉的大脑中没有他们掌握的信息，即孩子们不知道她与他们持有全然不同的知识和经验。因此，他们也不会知道想要推理瑟莉的想法，就要从她的立场和她所处的状况出发解读她想法的事实。

像这样不知道存在立场差异的事实，认为别人也会跟自己一样思考、行动的现象，即从自身的视角判断别人的心思和社会的现象，叫作“自我中心主义”。从这一点来说，认为宇宙是以自己为中心旋转的并不为过！

我们都是在经过岁月的洗礼，上了一定的年纪之后才理解这一事实的，那就是别人与自己的立场可能会有所不同。这种理解叫作“心智理论”。上了年纪之后，通过与别人不同的经验比较，掌握心智理论，才能渐渐摆脱自我中心主义。

这是在解读他人的心思之前，一定要具备的最基本的素养。我们只有对各自的立场有可能不同的事实有了一定的认知之后，才会试图从他人的立场出发，思考问题。也就是说，当自己知道别人可能不喜欢自己喜欢的事物之后，才会去思考对方真正喜欢的事物是什么。而自闭症儿童领悟这一事实的能力与正常儿童的能力相差悬殊。

如此，摆脱以自己为中心分析他人和社会的自我中心主义，理解每个人所处的立场有可能不同，完全从对方的立场去思考和判断的时候，我们才能够成功地解读人们的心思。然而，以自我为中心的倾向是人们与生俱来的特质，所以摆脱自我中心主义并没有我们所说的那么容易。

指使者和拿物品的人眼中书架的不同样子

埃普利和他的同事有个最新研究。两个人各自坐在书架的前后一侧，书架上摆放着各种物品。一个人扮演指使对方拿各种物品的指使者的角色，另一个人则扮演按照指令拿物品的角色。上图中的书架的白色部分是前后两侧相通的部分（前后两侧的人都能看到这一部分上面的物品），暗色部分有一面是遮挡着的（只有拿物品的人才能看到这一部分上面的物品）。左侧图片是拿物品的人眼中的书架的样子，而右侧图片则是指使者眼中的书架的样子。

指使者让位于书架另一侧的人拿了各种物品。当指使者说拿“黏合剂（从下往上第二排中间的格子）上面的小车”的时候，拿物品的人会在左侧图片中选择哪个物品呢？如果你是拿物品的人，那么你会在三辆车当中选择哪一辆车呢？

如果你选择的是从下往上第三排，黏合剂上一排最右侧的那辆车的话，那么你的任务就失败了。因为指使者是看不到这辆车的。指使者说的那辆车并不是他看不到的车，而是在视线范围之内他能看到的那辆车，也就是从上往下第二排最左侧的那辆车。

不过，人们一般会将自己的视线最先放在黏合剂上面一排的车子上。一会儿之后，人们才会明白指使者是看不到这辆车的事实，接着才会看向指使者所说的那辆车。无论是在大人身上，还是在小孩身上，这种倾向都有所体现。不同的是，大人能够比小孩更快一些明白指使者是看不到这辆车的事实而已。

这一结果证明，我们都会受到自我中心主义的驱使，并且自我中心主义与年龄大小无关。也就是说，我们在考虑别人的意图的时候，会先考虑自身的立场，然后才会在慌忙中考虑别人的状况。如此，人们在推测别人的想法和意图的时候，会先锚定在自己的经验上，然后再慌里慌张地进行修正。正如前面的内容中所提及的，这种过程称为锚定之后调整。

因此，难以读懂人心的理由，不管是小孩还是大人，基本上都是从自身的立场来理解问题的。如果想要考虑别人的立场的话，就要为了摆脱以自我为中心的想法而付出许多的努力。在转变想法的同时，还要一次性考虑诸多信息（比如，那个人的性格等与自己的状况不同，以及关于那个人的各种信息）。

像这样急速摆脱基本的思维框架的事情，以及同时考虑诸多信息的事情，都是存在着很大难度的认知活动，即它们都是对大脑造成巨大负担的事情。所以，读懂人心是非常困难的。

读懂人心也要转换角度

在判断某一状况的时候，我们会无意间从自身的经验出发去看待问题。因此，摆脱这种观念，客观地去考虑别人的状况是需要付出很多的努力和技巧的。

这一点我们真的能够做到吗？况且，解读人心只不过是借鉴自身的经验，然后去推测别人的状况和想法而已，所以即使把这种调整过程做好了，推测结果的准确度又能有多高呢？我们心里难免会产生这种疑问。但是，研究结果表明，只要我们将这种调整过程做好，即使不完全正确，我们也能够或多或少地解读人心。也就是说，调整过程能够成为一把解读人心的钥匙。

回答下面的问题：

你去相亲了，但是你没有看上对方。恰巧，这时你的朋友发来短信："相亲怎么样了？"你冷嘲热讽地回答朋友："别提了，简直太完美了。"那么这个时候朋友是否能读懂你的真实意思呢？

你的答案是什么？短信是缺乏语气和表情等能够直接传递情感重要因素的沟通方法，所以短信无法准确地传递自己的本意，常常会造成误会。你有没有因为短信造成误会，或者是没能准确地理解对方意图的经历呢？

像这样用缺乏与情感有关的信息的媒介（微信、QQ）的话，特别是带有冷嘲热讽的意味时，大多数情况下，人们是无法掌握准确的信息的。实践调查显示，收到这种短信的人几乎分辨不出发短信的人的情感是积极的还是消极的。

虽然事实是这样，但是发短信的人却认为自己发送的是带有冷嘲热讽意味的短信，对方能够明白的概率至少有70%。很多人在回答上面的问题时回答为对方"能看懂"。也就是说，他们没有考虑到对方是在没有收到其他信息的情况下，收到短信的事实。这也很好地体现了在前面的内容中提及的自我中心主义的倾向。

然而，如果在给人们充足思考的时间之后，再让他们回答上面的问题的话，回答的准确度会比没有给他们充分思考时间情况下稍微高一些。也就是说，提供充足的时间，经历调整过程的话，能够更加准确地了解人们的心态。

在提出如果能准确地读懂人心并且会提供奖励的时候，人们回答的准确度也会上升一些。即经历充分、认真的调整过程之后，可以更加准确地读懂人心。

现在看到希望了吗？如果你还认为解读人心是一件很困难的事情的话，那么你就有必要想一想这两个问题：在与人们沟通的时候，你是不是仅从自己的视角去看待问题？你有没有摆脱自己的立场，试图从对方的立场去考虑问题？

与“你们知道我的心吧”有关的错觉：

如果你边在心里唱童谣，边用手指打节奏，人们能知道你唱的是哪一首吗？100个人当中能有多少人猜得到呢？

自我中心主义的另一种倾向是认为其他人会很清楚地知道自己脑子里的东西。人们基本上会认为其他人会一定程度地了解自己的感情、想法、经验等。这被称为“透明性错觉”或“被看透错觉”。

因为人们都比较熟悉童谣，我们边在心里唱童谣，边用手指打节奏时，会认为100个人当中有30个人能知道自己唱的是什么歌曲。但是结果并非如此。事实上，100个人当中只有3个人能猜到你唱的是什么歌。

我们只想到了唱童谣这个过程，没有考虑到只有自己正处于这种状态中，其他人根本不在与这个童谣相关的过程当中。

我们犯了错误或者做了害羞的事情时，会错误地认为别人可以从自己的脸上看出来。当然，确实有一些人能看出微妙的表情变化，但是大部分人是无法轻易看出来的。但是我们还是会有错觉，认为其他人能看透我们的心。这也是透明性错觉的一个例子。

而且也有人认为，即便自己解释得很烂，其他人也能听懂。与这些人说话的时候，我们要经常让他们再详细地说明事件的前因后果，或者重新讲一遍。这也可能是因为他们有错觉，认为别人能看透自己脑子里的东西。

丢掉对别人的草率判断

我们总以为自己很了解身边的人。更准确地说，就是我们觉得其他人并不了解自己，但是自己很懂其他人。事实上，这很有可能是没根据的自信心。

我们对其他人的判断总是带着固定观念。只看到其他人的一些行为，我们就草率地下结论，认为他是那样的人。我们对于他人的理解其实是根据自己的经验想象出来的，甚至会在这个过程中以自我为中心对他人进行想象。结果就是我们不能很好地理解他人。

我们还有很多不足，很难完整地理解其他人。我们要明白，对其他人过早地下结论是不可取的，而且要不断回顾自己是否对其他人有误解。为了更好地了解其他人，我们需要做更多努力。

我也曾经很自信地认为我能很好地理解其他人，但是现在我能正视现实，不会过于自信。我的判断力有时会说“看看那种行为，那个人是坏人”，但是我会提醒自己“不要妄下判断”。

这些日积月累的努力能使我们成为更加宽容的人，帮助我们建立更加成熟的人际关系。

第六章

心理暗示术：再也不害怕跟人打交道

第一印象会彻底出卖你

我们经常会说“那人面相很善”或“那人面相很凶”，每个人都愿意跟面善的人亲近。如果一个人面相凶恶，给人的第一印象不好，我们会连个招呼都不想打。

印象是对人的一种评价和认知，意味着“这人会是什么样的人”。给人留下好印象，意味着一个人被评价为好人，相反，则意味着被评价为坏人。

在面对完全陌生的人，对对方一无所知的情况下，人们的第一印象通常取决于对方的面相，所以外表对于建立第一印象起着非常重要的作用。

但是我们往往会夸大外表对第一印象产生的影响，大部分人都觉得只要在长相上稍做改变，第一印象就会好很多。这种判断来源于面相学中提及的只要看人的面相就能知道人的性格。那么外表和性格真的有关联吗？在形成第一印象的过程中，最重要的真的是外表吗？

如果先从结论说起，那就是外表背后隐藏着与性格相关的信息。但是外表所表达的信息特别有限。例如脸形偏宽的人，会更容易被人说成是面相凶恶或者让人缺乏信任感的人。

事实上，如果脸宽的人是男性，那么他的荷尔蒙（睾丸素）数值就会较高。因为男性荷尔蒙数值与攻击性、好战性相关，所以脸宽的人有点可怕。这并非是一种错误的观念。

但更重要的是，虽然荷尔蒙影响着我们的各种行为，但是我们心里有着像唠叨不停的妈妈一样的事物存在，即自制力。我们有着忍气吞声的能力。

也就是说，男性荷尔蒙高的人不一定是好战、随意攻击别人的人。人们害怕脸宽的人可以说是对这类人的好战性的反应，而且是一种比较过度的反应。

但是，外表仍然会传递出关于那个人的信息。因为我们会随着自己的想法和状态表现出相应的表情与动作。

表情和动作时时刻刻都会传递出我们的感情状态中的种种信息。有点拧巴的表情、高兴的表情、挺起胸膛的动作等，都能把我们的心理状态传递出来。然后，对方也会通过这些很快地搜集到我们处于什么状态，我们是哪种人等信息。某些人虽然长得很漂亮，但是一直皱着眉头，也会让我们感到“这人性格不太好”。即比起额头的宽度、人中的长度等“物理性外表”，表情和动作包含着更多的信息，也会更多地影响到别人的印象。

比如，表情或者动作不同的时候，同样的明星给人的印象也是不同的。像比较火的孙红雷，深情地看着你的孙红雷和猥琐、头都不敢抬的孙红雷给人的感觉是不是会大不一样？人们会这样评价，前者是充满自信的孙红雷，后者是犯了错或者缺乏自信心的孙红雷。

劳拉·诺曼和她的同事们曾做过这样的实验：给人们看很多张照片，让他们去猜照片里的人会是什么样的人。

其中一组人只能看到静态的没有任何表情的照片，另一组人看到的则是有各种表情和动作的照片。

第一组人只根据外表评价照片中的人，大概能猜对这些人的各种特性中的一些外露的特性；而第二组人根据表情和动作特点去评价，结果猜出了照片中的人的更多特性，而且准确率也大大提高。也就是说，表情和动作比起外表蕴含着更多的信息，而且这些信息更为准确。

这项实验也证实了外表决定印象这一事实。但是不看表情和动作，只靠面相去判断和推测一个人的特性也存在着很大的风险。

回想一下自己比较欣赏的周围人的面相和表情。你是因为面相而喜欢他，还是因为那人特有的表情、动作、语气而喜欢他？这将再一次证明，表情和动作是多么重要。

所以，为了建立良好的第一印象，我们必须修炼自己的表情和动作，以此传递友好的信息。做到这一点，效果会事半功倍。这比为了改变面相而去整容要更容易，也更有胜算，而且有益于建立富有信任感的第一印象。

首因效应：第一印象不容易改变

首因，是指首次认知客体而在脑中留下的“第一印象”。

首因效应，是指个体在社会认知过程中，通过“第一印象”最先输入的信息对客体以后的认知产生的影响作用。在心理学中，首因效应也叫“第一印象”效应。

实验心理学研究表明，外界信息输入大脑时的顺序，在决定认知效果的作用上是不容忽视的。最先输入的信息作用最大，最后输入的信息也起较大作用。大脑处理信息的这种特点是形成首因效应的内在原因。

首因效应本质上是一种优先效应，当不同的信息结合在一起的时候，人们总是倾向于重视前面的信息。即使人们同样重视了后面的信息，也会认为后面的信息是非本质的、偶然的，人们习惯于按照前面的信息解释后面的信息，即使后面的信息与前面的信息不一致，也会屈从于前面的信息，以形成整体一致的印象。

1946年，心理学家阿希以大学生为研究对象做过一个实验。他让两组大学生评定一个人的总的印象。对第一组大学生，他告诉这个人的特点是“聪慧、勤奋、冲动、爱批评人、固执、妒忌”。很显然，这六个特征的排列顺序是从肯定到否定。对第二组大学生，阿希所用的仍然是这六个特征，但排列顺序正好相反，是从否定到肯定。研究结果发现，大学生对被评价者所形成的印象高度受到特征呈现顺序的影响。先接受了肯定信息的第一组大学生，对被评价者的印象远远优于先接受了否定信息的第二组。这意味着，最初印象有着高度的稳定性，后继信息甚至不能使其发生根本性的改变。

首因效应就是说，人们根据最初获得的信息所形成的印象不易改变，甚至会左右对后来获得的新信息的解释。在日常交往过程中，尤其是与别人的初次交往时，一定要注意给别人留下良好的印象。

首因效应在人际交往中对人的影响较大，是交际心理中较重要的名词。人与人第一次交往中给人留下的印象，在对方的头脑中形成并占据着主导地位，这种效应即为首因效应。我们常说的“给人留下一个好印象”，一般就是指的第一印象，这里就存在着首因效应的作用。在交友、招聘、求职等社交活动中，我们可以利用这种效应，给人展示一种极好的形象，为以后的交流奠定基础。

当然，这在社交活动中只是一种暂时的行为，更深层次的交往还需要您的硬件完备。这就需要你提升谈吐、举止、修养、礼节等各方面的素质，不然则会导致另外一种效应的负面影响，那就是近因效应。要做到这一点，首先，要注重仪表风度。一般情况下，人们都愿意同衣着干净整齐、落落大方的人接触和交往。其次，要注意言谈举止。言辞幽默，侃侃而谈，不卑不亢，举止优雅，定会给人留下难以忘怀的印象。首因效应在人们的交往中起着非常微妙的作用，只要能准确地把握它，就能给自己的事业营造良好的人际关系氛围。

一两分钟能决定你的输赢

在与陌生人交往的过程中，所得到的有关对方的最初印象称为第一印象。第一印象主要是根据对方的表情、姿态、身体、仪表和服饰等形成的印象。虽然第一印象留给别人的印象很短暂，但它经常会给你的生活带来深远的影响。

第一印象在日常生活中是很普遍的，这种初次获得的印象往往是今后交往的依据。

通常，一个人留给别人的第一印象是很难被改变的。之所以第一印象很难被改变，是因为人们在认知过程开始阶段的印象会一直存在，并会影响后期的印象判断。举个生活中常见的例子你就很容易明白了。如果第一印象好的人获得了成功，那么通常会被人认为是有能力；如果第一印象不好的人获得了成功，则会被认为是耍了什么手段才达到目的的。

心理学家研究发现，人们的第一印象形成是非常短暂的，有人认为是见面的前40秒，有人甚至认为是前3秒，在一眨眼的工夫，人们就已经对你盖棺论定了。有时就是这几秒钟会决定一个人的命运。因为在生活节奏紧张的现代社会，很少有人会愿意花更多时间去深入了解、洞察一个留给他第一印象不美好的人。大部分人与人交往办事都依赖于第一印象，而这个第一印象的形成对日后的发展起着非常大的作用。毫不夸张地说，第一印象就是效率，就是经济效益。它比第二、第三印象和日后的了解更重要。第一印象的好与坏几乎可以决定人们是否能够继续交往。

美国勃依斯公司总裁海罗德说："大部分人没有时间去了解你，所以他们对你的第一印象是非常重要的。如果你给人的第一印象好，你才有可能开始第二步；如果你留下一个不好的第一印象，很多情况下，我们会相信第一印象基本上准确无误。对于寻求商机的人，因为一个糟糕的第一印象就失去潜在的合作机会，这种案例数不胜数。你必须花费更多的时间才能够抹去糟糕的第一印象。”虽然有时第一印象并不完全准确，但是正如中国的俗语“先入为主”，第一印象的建立如同在一张白纸上用墨水笔写字，写下了就难以再抹去。不管人们愿意与否，第一印象总会在以后的决策时，在人的感觉和理性的分析中占据主导作用。

人们总是习惯于对第一印象的信任，而忽视后来的表现。虽然我们理直气壮地讲：“不要以书的封面来判断其内容。”但是不可否认，绝大多数的人都在这么做，包括我们自己。别人在根据我们的外表和举动判断我们所包含的内容；我们也通过观察别人的外表，包括长相、身材、服装、言语、声调、动作等来判断他们。

我们是如何进行这样的判断呢？美国心理学家奥伯特·麦拉比安发现人的印象形成是这样分配的：55%取决于你的外表，包括服装、个人面貌、体形、发色等；38%是如何自我表现，包括你的语气、语调、手势、站姿、动作、坐姿，等等；只有7%才是你所讲的真正内容。

心理学家还发现，当我们走进一个陌生的环境，人们靠直觉对你进行至少十条总结：你的经济条件、教育背景、社会背景、精明老练度、可信度、婚姻与否、家庭出身背景、成功的可能性、年龄、艺术修养，等等。常听人讲：“一看他就知道他是一个什么样的人。”这就是第一印象。这所谓“一看”，无非只有几秒钟的时间，而这几秒钟就可以让人们判断你的生活习惯，预期你的未来发展。

你是一个值得信赖的人吗

“我那么相信你，因为信任你，我才会把一切都给你。你怎么能对我这样？”

背叛是人际关系中经常出现的现象。不管是在恋人之间，还是在事业伙伴或者朋友之间，我们都能听到这样的话。

“这人值得信赖吗？”像这种对人际信任的判断尤为重要。

只有对方是值得信赖的人，我们才能与之谈心，进行经济往来，向其托付重要业务。

如果对方看起来信任度较低，我们就会时刻提防对方，生怕对方心存恶意，而且会小心翼翼地隐藏自己的内心想法。

所以，我们对于人际信任的判断与基本的安全保障有着不可分割的联系。对方是否是值得信任的人？这一问题终究还是要归结到“和他在一起安不安全”这类问题上。有些人虽然外貌出众、能力超群，但只要他们身上存在某些威胁的因素，我们就会把他们归为不能信赖、不能交往的人。

在对于人际关系的各种判断中，能否信任对方的判断是与生存联系最紧密的判断。因为如果将对自己不利的人当成可信的人，最终不仅仅是自己，周边的人也会受到伤害。就像与

“布鲁特斯，连你都……”这句话有关的故事一样，在历史长河中，有很多因为错误地信任别人而使自己遭受屈辱或丢掉性命的事件。

再强调一遍，准确判断什么样的人应该信任，什么样的人不应该信任是非常重要的。但是我们要根据人的哪种特性来判断可信赖度呢？即什么样的特性会让人得到信赖呢？

印有“我是值得信任的人”的T恤

如果每个人脸上都写着“我是可信赖的人”或者“不能相信我”之类的话，那该多好！但是这种事情是不可能存在的。所以，我们要通过多种多样的信息来判断他人的可信赖度。前面也讲过，这是与生存紧密相连的非常重要的判断。我们是不是能够做好这种判断呢？像闻到美食的味道，我们的本能会指引我们奔向那里一样，判断什么样的人可以信赖的能力是否也潜藏于我们体内呢？

亚历山大·柯嘉娜和同事们进行过一项实验。他们先给实验参与者看一个20秒的视频。在这个视频中，一个人在听另一个人讲话，但摄像机只拍听的人（收听者）。收听到的内容大概是“在人生的这个阶段，因为种种原因，我感到很累”之类的。给实验参与者看过许多收听者的影像后，让他们来评价影像中的人是否值得信任。

如果我们具备与信任相关的本能的话，我们会在短短20秒的时间里很轻易地分辨出可信赖的人和不可信赖的人。

研究表明，人们很快就将值得信赖的人区分出来了。在实验参与者中，得到“这个人值得信赖”这种评价的人，大部分是在催产素AA、AG、GG型中具有GG型的人。催产素是与爱、社会纽带等有所关联的激素，而具有GG型激素的人，比起其他人更加和蔼可亲。

也就是说，我们能在短短的20秒内找出哪些人能够成为值得信赖的人。这也意味着我们判断一个人是否值得信赖仅仅需要20秒。所以，要留下值得信赖的印象，我们就要在20秒内一锤定音。

但是，人们怎样才能分辨出具有GG型催产素的人呢？是他们的哪些特征让人们觉得他们是友善并且值得信赖的呢？

研究者发现，具有GG型催产素的人在倾听时会时常点头，面带微笑，能够表现出同理心。也就是说，研究者们非常快地捕捉到了在20秒内人们作为听众表现出的友善以及真实的态度、表情和动作。这也说明我们异常敏感于人们反馈给自己的好意、亲切的态度等信息。

可见，人们能迅速判断相互间所流露的表情和动作是否友善，是否具有好意。所以，为了给对方留下自己值得信任的第一印象，我们要养成用心倾听对方每一句话的习惯。比起自己说“我是值得信赖的人”，从细微的表情和动作中流露出的“我在认真听你说的每一句话”的信号，在获得对方的信赖方面会起到更大的作用。

说到底，给对方留下具有信任感的第一印象的最好办法就是“从第一次见面起就用真诚的态度对待对方”。持有这样的心态，我们怎愁留不住更多信任你、支持你的人呢？

热心和能力两方面观察人

在判断一个人是否值得信赖的同时，我们还会评价这个人是热心的人还是冷漠的人。其实，对于一个人信任度的评价，广义上包括热心、友善、亲和、有同情心、值得信赖等一些代表人情世故的特性。

张三：外表俊秀，聪明能干，为人诚实，有幽默感，是热心的人。

李四：外表俊秀，聪明能干，为人诚实，有幽默感，是孤傲的人。

张三和李四在五个特性中有四个特性是一样的。但是张三是热心的人，李四是孤傲的人。你觉得这两个人很像吗？你会选择哪一个人进一步交往？

聪明能干还很热心的张三是不是让人觉得很完美？感觉跟他在一起你会很开心，在你需要他的时候，他会不遗余力地帮助你。李四的条件也不比张三的差，但你会觉得他很冷淡、孤僻，跟他在一起心情也好不起来，会感觉很难和他成为关系很好的朋友。

事实上，一个人是否热心会决定那个人给他人留下的整体印象，而且在印象形成过程中起到决定性作用，如此一来，其余的信息作用就显得微乎其微。就像张三和李四的例子一样，对于人们的评价而言，除了热心和冷漠，其余的信息几乎都被其掩盖了。即，一个人不管具有多么好的特性，如果是个冷漠的人，剩下的特性也不会显得那么好。可见"热心"是对人的印象形成过程中最重要的评价标准。

如果在热心、和蔼可亲、可靠、温柔、聪明、诚实、活泼等能够表现出人的各种特性的形容词中选出最能评价一个人的基准的话，和蔼可亲、可靠、温柔等与"热心"关联的单词会占据压倒性的优势，之后才是与"能力"相关的单词。

对于某个人的多种特性进行评价之后，再全方位地评价这个人到底有多好的话，与"热心"相关联的特性会起到至关重要的作用。相比起与"能力"相关的信息，与"热心"有关的信息会起到较大的影响。也就是说，与聪明、漂亮、诚实、有钱却冷漠的人相比，能力、外表或者财产等方面很普通却比较热心的人，会带给人们更好的印象。让我们想象一下我们所喜欢的人，即使他们具有再多再好的特性，如果非常冷漠的话，我们还会那么喜欢他们吗？

与"热心"相关联的信息会比与"能力"相关联的信息更能让人记得深刻，而且会对人的印象形成起到更长久的影响。

某些人的一些非常聪明或者愚笨的举动在我们对于他的印象中不会保留太久，但是那些给予我们温暖的话语和手势，或者让我们觉得冷漠的举动，会长久地留在我们的记忆中。

现在让我们来回想一下过去。美好的回忆通常是与朋友们一起经历的开心的事情，比如从朋友那里得到安慰和鼓励的话等与温暖相关联的事情。接下来，我们再回想一下不好的回忆。与因为自己能力而发生的问题相比，我想，受到周边人们的冷漠对待更容易给大多数人留下深刻的记忆。自身的愚笨或者聪明会很快被朋友或者周边的人忘却，但是我们无意中说出的“热心”或者“冷漠”的话会长久地留在他们的记忆中。

判断一个人是否热心比判断一个人是否有能力简捷得多。研究表明，初次见面，哪怕只有0.1秒的时间，我们也会不由自主地判断出一个人是否是一个热心的人。而且有关热心或者冷漠的印象会很快形成，可想而知，初次见面时“热情的问候”有多重要！

在印象形成过程中，除了“热心”，另一个应当考虑到的要素是“能力”。对于大部分人，我们都会从“热心”和“能力”两方面来观察。

下页的图表显示的是在美国特定的职场中的人或者不同肤色的人在美国人心中形成的印象或者固有观念。如果把美国人对各种各样的人的固定观念，按照是否热心或是否有能力来区分的话，我们会看到如下形态。仔细看图表可以发现，美国人自认为既热心又能力出众。而在美国人眼里的亚洲人虽然又有钱又有能力，但是很冷漠。老人虽然没什么能力，但他们觉得老人很热心。

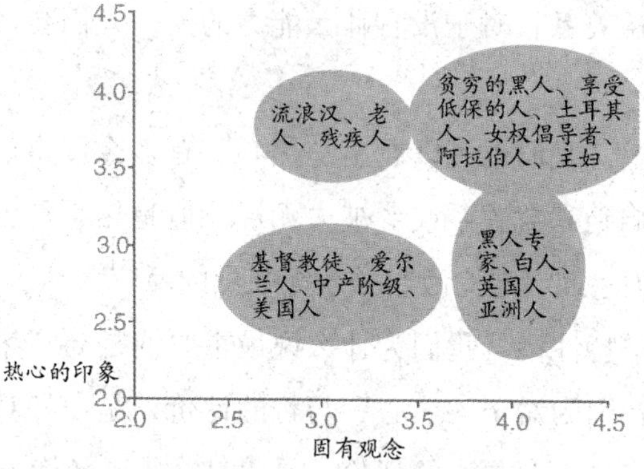

对各个集体的固有观念（美国的情况）

热心人的顺序：流浪汉、老人、残疾人、贫穷的黑人、享受低保的人、土耳其人、女权倡导者、阿拉伯人、主妇、基督教徒、爱尔兰人、中产阶级、美国人、黑人专家、白人、英国人、亚洲人（从左到右，从上到下）。

这样的区分适用于每一个人。例如，大家对朋友也可以用上面的两个轴来分类。跟朋友问一下自己属于哪一类，也会很有意思。

根据一个人在“热心”和“能力”两个方面偏向于哪一边，人们所做出的反应也会有所不同。对于既热心又很有能力的人，人们会羡慕；既不热心又没什么能力的人，人们会蔑视；虽然没有能力但很热心的人，人们会同情；能力出众但很冷漠的人，人们会嫉妒。

对于一个特别热心的人，大家会很亲切，会打心眼儿里想帮助他。反之，对于一个很冷漠的人，大家会持有反驳或攻击的心态。对于能力出众的人，人们会热情地与他交往，根据需要建立利益关系；对于没有什么能力的人，人们会持有基本无视的态度。

在这里，我们也可以看出“热心”有多么重要。能力的高低只会影响到利益关系或者被人无视。但是热心与否会带来亲密交往的关系或者建立敌对关系等强烈的反应。

在各类特性中，我们为什么说最重要的是与“热心”有关的特性呢？因为对于“热心”与否的评价，是一种对人性的评价；对于“热心”与否的评价，是对某个人是否存有“善意”的判断。带有恶意的人绝不能相交，但是带有善意的人大可放心交往。像这种对于“热心”的判断关乎我们的“安全”与“生存”。

判断一个人是否“热心”，或者分辨善与恶，要比判断他“是否有能力实现自己的意图”更要紧。如果一个人带有对我们不利的恶意的话，那么此人拥有出众的能力并不是一件好事。我们可以将其比作有毒的苹果，外表看起来很鲜丽，但终究会毒害他人。确认一个人带有善意之后，我们才需要考虑这个人的能力是否对自己有利。

事实上，人们会通过一个人是否“热心”来判断这个人的好坏。然后，才会通过对能力的评估来判断这个人有“多么”好（或坏）。如果一个人热心又能力出众的话，那此人会是一个很不错的人；反之，一个冷漠但能力出众的人会是一个危险的存在。

这种对于“热心”与否的判断相比于对于能力的判断，会对印象的形成产生更大的影响，并且能促进印象更快形成。所以，与人初次见面时，在展现自己的能力之前，我们要把自己热心的一面展现给对方，要把“我不会伤害你”的信息传达给对方。这样对方才会敞开心扉，以诚相待。

而且，我们要把热心的一面持续地展现给大家，因为对于“热心”的评价很可能会转瞬即逝。例如，昨天才被大家评价为热心的人，但到了今天就可能会被评价为“没想到啊，真是看走眼了，原来他是这种人”。

在人性方面，人们往往会觉得“坏人可能偶尔会做善事，但是好人绝不会做坏事（因为经常做好事的人不一定是好人，但凡是做过坏事的人一定是坏人）”。对于能力，人们会认为“聪明的人难免会做糊涂的事，但是愚笨的人永远不会做聪明的事（经常做出糊涂事的人不一定不聪明，能做出聪明举动的人一定是聪明的人）”。

由此可见，变成善良的人要比变成有能力的人难得多。要想变成有能力的人，在必要时展现自己的能力就行，即使偶尔犯错也没关系。但是要想变成善良的人，人们容不得做出半点坏事（小小的失误是可以理解的）。

对于一个人是否热心的判断与我们的安全及生存息息相关，所以我们会非常谨慎。就像食物稍微变质就不能食用一样，一个人即使做了一百件善事，但由于做错了一件事，也会被人当作坏人。我们对此可能会觉得有点无奈，但除了不断努力还能怎么样呢？

在取得他人好感方面，热心比有能力更重要这一倾向，多少会让我们安心一些。如果取得别人的好感仅仅依靠所谓的

“有能力”就行了的话，这个社会将会多么冷漠啊！一个人虽然有点缺陷，但是对于你，他可能是比任何人都温暖的存在，一句“这是我的好朋友”将会使他的内心充满希望。

悲观的人喜欢与开朗的人交往

生活中，我们会遇到一直将抱怨挂在嘴边，始终皱着眉头的人和积极向上、乐观开朗的人，你会跟哪种人相处呢?

余林有一个很消极的朋友。他是一个只能看见社会和自身的黑暗面，对于未来也不抱有任何希望的小孩。与那个朋友相处了仅仅几个月，余林就深受其影响，并不知不觉冒出“这个世界能否让我们存活，人类会变得幸福吗”之类的想法。

这种感情其实是会传染的。我们跟幸福的人在一起会变得幸福，跟消极的人在一起会变得消极。所以我们会更喜欢积极向上、乐观开朗的人。

事实上，幸福的人比不幸的人更受欢迎。可能大家会认为消极的人喜欢跟相同类型的人聚在一起，但是研究表明，悲观消极的人更喜欢与开朗的人交往。

这种现象在微博上也经常出现。你有没有在“QQ空间”发表过对人生的不满？调查结果表明，人们并不喜欢别人在微博上发表带有悲观情绪的人生感悟。在微博上发表的悲观言论，不仅会给人带来疲惫的感觉，还会让人们觉得发表这些言论的人不怎么样。

自尊心不强的人相对会抱怨更多，他们会说出没有自信的话语："像我这样的人能做好吗？别人好像不怎么喜欢我。"我们要知道，不加掩饰地写一些消极的文章，不经意间会给他人带来无形的压力，对于自己的形象也会有影响。

想要得到支持与鼓励，比起"像我这样的人应该不可以吧"之类的话，像"不一定能成功，但请你支持我"这样积极向上的话会更有效。虽然这两种说法带有相近的意图与内容，但是由于表达方式的不同，前者会给人带来消极的感觉，而后者会让人觉得积极。既然如此，为什么不采取第二种说法呢？这样既不会影响别人的心情，又能得到支持。

累的时候与别人一起分担自己的痛苦是非常重要的。但是倾诉自己痛苦的同时也会给对方扔下包袱。聆听我们的"痛苦"的时候，对方也会暂时陷入担心的情绪中。所以，我们在诉苦的时候，别让听的人也变得意志消沉。总之，诉苦也要有节制，鸡毛蒜皮的小事也拿来说个不停是不太好的。

如何分析别人的内心感受

社会生活中重要的技能之一，就是怎样分析别人的内心感受。

看到哽咽哭泣的人的照片或视频，我们脑海里会不由自主地浮现出"那个人看起来真的好痛苦啊"之类的想法，偶尔也会眼眶湿润。但是，我们是怎么知道那个人很痛苦的呢？

小说家艾德·阿伦·鲍尔说过，如果很好奇一个人在想什么的时候，我们不妨试着做出与他一样的表情。跟着他人做表情，我们的感情也会跟着变化。这个方法是读懂人心的最好的方法，也是我们不知不觉中经常使用的方法之一。

此方法成立的原因是，感情不只是用头脑感觉的。例如，“快乐”的感情与欢笑的表情、夸张的动作等表达方式是有所关联的。感受到快乐，我们会不由自主地露出微笑，声音也会变大。

感情是由多种要素组成的，各个要素像蜘蛛网一样汇聚成了一个紧密相连的网络。如果其中一个要素被搅动的话，别的要素也会跟着晃动。只要触动笑的表情，与快乐相关的要素就会接踵而来。

所以，只是单纯地做出微笑的表情，也会产生快乐的效果。就像查尔斯·达尔文所说的那样，我们的感情会根据我们做出的行为变得更强或更弱。也就是说，笑得越多，我们会越快乐；越是绷着个脸，越会觉得郁闷。所以，“不是因为幸福而微笑，而是因为笑了才幸福”这个理论也是成立的。

心理学家弗里茨·斯特拉克和同事们进行过一项实验：实验参与者被分为两组，一组用嘴唇含着笔，另一组用牙齿咬着笔。

下面左图是用嘴唇含着笔的样子，不能说这是笑脸；右图是用牙齿咬着笔的样子，看起来像是笑脸。然后心理学家们分别给两组实验参与者拿了一本漫画，并问他们漫画好不好看。结果，对于同一本漫画，面带微笑的一组实验参与者表示更好看。

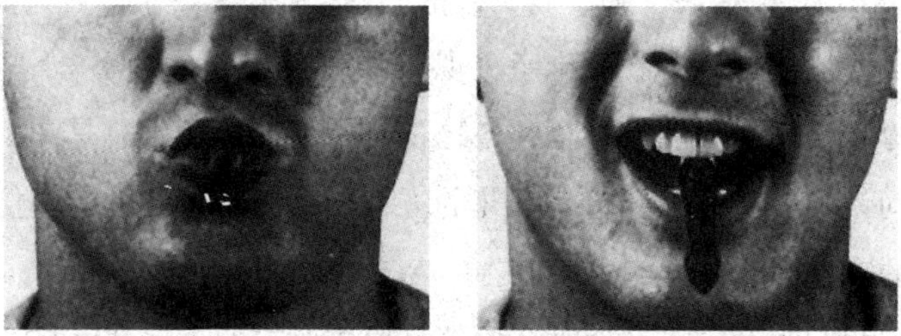

用嘴含着笔VS用牙齿咬着笔

这就说明，外露的表情会引起内在感情的改变，人们表情的变化在一定程度上影响人们的感情状态也不是不可能的。而且在这种效果的作用下，我们经常会习惯性地学习和模仿别人的表情和动作。

人们会在不经意间模仿他人细微的表情和动作。比如，不经意地模仿朋友和恋人细微的脸部肌肉变化或者说话时候的习惯性动作，如用手托腮等细小的习惯。这种行为被称为“模仿行为”。

模仿者自己可能不太认同这一说法，但是如果我们让两个陌生人相互交谈5分钟左右，并在这期间录像观察，不难看出两个人会在交谈中模仿对方的表情和动作。当然，交谈者本人不知道自己在模仿对方。

这种模仿行为是在无意识状态下出现的。不管对方是谁，如果我们需要读懂对方的想法，或者特别想了解对方，这种模仿行为便会频繁出现，特别是在某些特定的场景下（例如在上司面前），模仿行为更容易显现。

你有没有在不经意间模仿过平时经常见的人的表情或者动作?

之前我提到了我的母亲，现在再拿这个例子说明一下。我的母亲喜欢结交朋友，全国各地都有她的朋友，她总是在不经意间说出自己都不知道是哪儿的方言，这正是很常见的模仿行为的表现。

我们跟对方更亲近时会更容易模仿对方的表情和动作。打哈欠会传染是大家都知道的事实。针对哈欠会传染也有一种说法，即哈欠在更亲近的人之间能更快地互相传染。研究表明，哈欠在家人之间的传染速度最快，然后是朋友、认识的人，最后是陌生人。

恋人和夫妻随着时间的流逝会长得越来越像，这也属于模仿行为的相关现象。这是因为夫妻之间久而久之会拥有更多相近的习惯，相互模仿对方的表情和动作。人们喜欢开朗幸福的人，也是因为跟这样的人在一起，自己的表情会变得明朗，心情也会好起来。

就这样，我们会本能地模仿周围的人。所以学者们也称人类是“社会性变色龙”。

像变色龙能够根据周围的环境改变自身的颜色一样，我们也拥有根据社会环境复制周围人的表情和动作的超常能力。这也可以说是人们比较善变。但是对于社会性动物来说，透过自己看待别人是一种非常有用的能力。

身体接触会传达心中的爱意

在读懂感情和传达感情的过程中，表情的作用不可忽视。但是在沟通过程中，我们还可以通过很多别的方式进行感情交流，其中一种就是利用触觉。

说到“触摸”，大家都会先想到触摸屏智能机。但是这里所说的触摸，与IT界通常提到的触摸不太一样。在心理学领域，触摸是通过皮肤与皮肤的接触，利用触觉进行沟通的方式。这种方式被关注已久。

有一位很有名的心理学家，叫哈利·哈洛。他有一个研究课题，是通过乳猴和母猴的关系研究“爱意（亲密的关系）”和“社会性孤立（排斥）”等现象。

他的实验方法较为残忍。他把乳猴和母猴隔离起来观察乳猴的异常反应。在实验中，被隔离的乳猴在成长期间没有妈妈，即使有很好的伙食和环境，也会变得带有攻击性，或者出现自闭、自残等现象，而这些都是神经性疾病。对于猴子来说，这是一件非常残忍的事情。但是通过这个实验，心理学家们知道了对于灵长类群体来说，接触是多么重要的一件事情。

那么在喂食的妈妈和传达温暖气息的妈妈中，哪位妈妈更受欢迎呢?

为此他又做了个实验——用铁丝做了一个有奶喝的母猴像，用松软的稻草做了一个没有奶的母猴像。猴子会选择哪个妈妈呢？

猴子先去铁丝做的母猴那里喝了奶，喝完就跑到稻草做的母猴那边，直到肚子饿得不行了，就再跑去前者那里喝几口奶，然后再跑回来，就这样一直反复。这表明比起吃饭，猴子本能的反应更倾向于温暖的接触。

这个研究结果引起了更大的风波。当时社会上普遍认为最好的育人之道是为孩子提供更干净的环境、更好的营养以及更好的教育。但是这个研究结果表明，身体接触对于灵长类而言是传达爱意和温暖的更为重要的一条通道，是建立纽带感的更重要的手段。

这种看似很简单的接触，在我们人类生活中真的会起到这么重要的影响吗？从结论来说，绝对是真的。这样的事实在运营方式不同的孤儿院中得到了证实。

环境干净卫生（为防止感染，保姆禁止随意触碰儿童），每天提供非常好的伙食的A孤儿院的孩子，普遍出现了类似自闭的症状（与他人没有任何互动），而且出现了早死的现象。相反，B孤儿院卫生条件一般（保姆一直抚摸儿童，孩子们总在一起玩乐），其他条件也比不上A孤儿院，但是B孤儿院的孩子在性格和健康方面没有出现任何不良现象，快快乐乐地成长着。

通过这样的实例，学者们重新认识了接触的重要性，“皮肤与皮肤的接触在人的发育，尤其是在社会性和生存技能的发展过程中有可能就是非常重要的因素”。学者们鼓励孤儿院在培育孩子时多触摸。建议被采纳后，孤儿院的死亡率下降了，神经类障碍也减少了。

与此同时，心理学家和医生对触摸对于儿童的相关效果也做了很多研究，结果无一例外地表明，在儿童的身体和社会能力发展过程中，触摸是非常重要的因素。

在安抚儿童时，妈妈的身体接触是最为有效的。比起其他安抚方式，儿童在被抱住时不但哭声减弱，而且血压、压力等相关的人体生理指标数值都会有所降低。患病儿童在妈妈经常抱的情况下，会出现疾病被更快治愈的现象。

这是因为触觉可以让我们感觉到有人陪伴在身边，可以让人有安全感和被爱的感觉，同时可以帮助我们消除压力，使我们正常发育。

肯尼斯·泰和同事们的研究也表明，经常抚摸小熊玩具会减少孤独感，让人变得更具有善意（比如会做更多的慈善捐赠等社会公益活动）。

学者们也表示，这种现象之所以会出现，正是因为“温暖的触觉”所带来的情感上的效果非常大。最近，做此类实验的研究学者越来越多。

接下来我们具体了解一下，在各种社会环境中，人们通过触摸可以做到哪些事情。

让对自己有好感的人心跳加速

恋爱中的人最喜欢的就是一起坐“过山车”。与恋人一起尝试既刺激又惊险的游戏能在不知不觉间增进感情。这是为什么呢?

陷入爱河之后，我们的身体会产生哪些变化呢?我们最先想到的应该是心脏扑通扑通直跳。电影或漫画当中经常出现一个人紧张得心脏好像就要跳出来的画面。但是，相反的情况也能够成立。虽然陷入爱河会导致心跳加速，但是，人们也会因为心跳加速而认为“这就是爱情”。

有一座在高处晃动的桥和一座在低处的坚固的桥。桥的对面有一位漂亮的女性。这位女性会对穿过桥的人（男人）进行简单的提问。提问结束后，这位女性会将自己的电话号码留给对方，并且会说“有事尽管联系”。

我们已经知道结果了吧?穿过险峻（在高处晃动）的桥的男人比穿过平稳（在低处、坚固）的桥的男人更容易接受这位女性的联系方式，双方还会说一些“有空一起喝杯茶”之类的话。

产生这种现象的原因是，穿过险峻的桥的时候，出现的心跳加速的身体反应会使人产生“我好像爱上这个女人了”的错觉。所以，心惊胆战地穿过桥与女性碰面之后，男人会不由得产生想要与女性约会的冲动。

心跳+美女 =爱上这个女人

男人在越过险峻的桥后的心理状态

如果真的存在丘比特之箭的话，可能也会产生相近的效果吧。一个人仅仅是注视着对方，结果却产生了剧烈的身体反应（心跳），这会让人有一种“我是不是爱上这个人了”的感觉。可能是这样吧。

总之，身体反应（心跳）可以成为爱上对方的信号。恋人们觉得坐过山车很浪漫，也可能是因为亲身体会到了这种身体反应（心跳）。

一起经历能够引发愉快的身体反应的活动也未尝不是增进感情的好方法。除了坐过山车，一起看节奏紧凑的电影或者搞笑的喜剧短片也是很好的方法。另外，摄取较多糖分也会加快身体反应，所以一起吃甜食也是很好的方法。

值得留意的一点是，如果不怎么喜欢的人使我们心跳加速的话，我们可能会更加讨厌那个人。因为这种情况可以解释为：“心跳+不怎么样的人=我是不是很讨厌他或者害怕他？”我们一定要记住，要让对自己有好感的人心跳加速。

培养共同点，提高亲密感

关于“自我（self）”，学术界有很多理论，其中最具代表性的是把自我分成I和ME来看。首先，ME是客观存在的“我”。例如年龄、学历、出身等“客观存在”。相反，I是很难进行客观解释的主观的“我”。例如，“我”的主观思想，是只有“我”自己才知道的想法或见解。

如上所述，对于主观价值观或者各种经验的分享，就叫“I-sharing”。对于客观的东西的共享，就叫“M-sharing”，比如根据校友关系、地域关系等因素进行的交往，以及建立在这种基础上的分享。

但是，研究表明，如果想要与他人亲近的话，I-sharing要比M-sharing效果更好。初次见面时，如果有很多客观共同点的话，双方会比较容易接近；但是如果持有共同的价值观或者思想的话，双方会更容易彼此产生好感。

让我们想象一下初次见面的陌生人。如果这个人跟我们在同一个地方住，在同样的学校读书的话，我们会感觉比较亲切。如果和这个人一起去过偏远的旅行地，或者一起去看过演出，或者做过相同的志愿服务，或者对于某个事件持有相同的看法和见解的话，我们的好感度会比之前更高。

初次见面时，如果仔细观察的话，我们会发现，人们一开始会交流住的地方等有关“ME”的信息，接着会分享各自喜欢的食物、电影、音乐等。然后就渐渐开始了解关于“I”的信息，例如看看彼此的想法或者见解有没有共同点等。这是想要通过分享主观的自我，使彼此关系变得更加亲近。

希望大家能够记住一点，那就是内在的共同点越多，彼此的关系就会越亲近。所以我们要与周围的人建立更多的“共同经历”。鉴于这一点，旅行是非常好的方法。建立共同的爱好也是不错的方法。

微信中曾经有一篇《经常出现在别人眼前》的文章，能更好地把握提高亲密感的方法：

越是觉得对方很眼熟，越是觉得对方跟自己比较相近，我们就会越喜欢对方。对话和交流心得虽然也是一种比较好的方法，但是还有更简单的方法。那就是经常出现在对方眼前。

有这么一项实验：实验人员让长相差不多的几名女学生各去上0次、5次、10次、15次课，然后给每次都来听课的其他学生分发这几个女生的照片，让他们评判哪个学生比较亲近，哪个学生更有魅力，哪个学生跟自己比较像。结果是出勤最多的女学生获得了最高分数。

即经常出现在眼前的人，会让人觉得更亲近，更有魅力，跟自己比较像。这就叫作“纯粹接触效应”。仅仅是在他人面前经常出现就能增加他人对自己的好感。

但是，有一点要注意，那就是对方对你已经产生了不好的印象。如果你在这种情况下还经常出现在那人面前，结果对自己反而不利。假如一个不想看到的人经常在眼前晃来晃去，我们难道不会觉得那个人会更令人讨厌了吗?

综上所述，在没给对方留下不好的印象的前提下，想与对方接近的话，我们就应该经常在他面前出现。

与此类似，人们更容易跟自己家附近的人更亲近。因为比起离得远的人，人们与自己家附近的人会经常见面，也会有更多的对话，这样就会有很多增进感情的机会。

而且，比起相隔较远的人，住得比较近的人更容易维持亲近的关系。有人分析了在大学宿舍住了四年的学生之间的关系，得出的结论是，一个人离自己的宿舍越近，我们对他的好感就越高。具体来讲，就是与隔壁房间的同学变成好朋友比跟隔一间房的同学变成好朋友的概率高出一倍。即，我们更容易对住得近的人产生好感。

能跟自己想要亲近的人住得近一点固然很好，但是如果实现起来比较困难的话，我们就得想想怎样才能够在同一个地方共同进行一些活动。但是凡事要有度，我们不能像尾随者一样跟在别人身后，与对方产生物理性的交集是获得对方好感的很好的办法。

第七章

心理吸引术：让别人无法拒绝你

恋爱男女的心理秘密

恋人相处融洽的条件是相近的性格、相等的条件、相似的外表等，也就是说，具有很多相似点的人更容易走到一起。事实上，当被问到希望选择什么样的人作为自己的伴侣时，人们倾向于选择和自己的性格相似的人。但是我们脑海中的这些想法真的适用于现实生活吗？我们真的会更容易对与自己性格相近的人产生好感吗？

彼此之间的哪些特征搭配协调才能够成为不错的情侣呢？这个问题暂且搁置一边。我们通常会被他人身上的哪些特征所吸引呢？即，具有哪些特征的男性或女性能够享有高人气呢？而且，什么样的人容易坠入爱河呢？

人们通常会说，寻找恋人时，男性一般会在乎女性的脸蛋、身材等外部要素，而女性则注重男性的性格等内在要素。那么，这到底是不是事实呢？之所以会出现这种说法，据说和男女的性欲差异有一定的关系，而这又是否属实呢？

对于理想型伴侣的讨论是恋爱的相关话题中不可或缺的内容。如果遇到理想中完美的恋爱对象，双方会维持多好的关系呢？即，对方接近自己心目中理想伴侣的程度大小，会给双方关系的发展带来何种影响呢？

看待异性的眼光，时时都会变

上述问题乍一看非常容易回答，事实上却是相当复杂的。第一眼看到异性时，相处一个月时，相处数年时，结婚之后……双方关系发展阶段的不同会导致我们对对方产生不同的期待。在相亲场合，我们会对某种特征产生期待，而随着关系的深入，我们会逐渐追加其他要素，而最开始向往的特征也有可能逐渐变得不重要。

建立关系的目的不同，彼此之间看中的要素也会出现差异。比较一夜狂欢的对象和相濡以沫一辈子的对象时，我们就会发现自己对两者的期待值会有很大的差异。

影响我们感受到异性身上的魅力，并帮助我们维持良好关系的要素及这些要素的影响力，根据发展阶段和目的的不同而有所不同；但与此同时，这些要素及其影响力又和本人的性格，即自己是否属于容易喜欢上他人的性格有关系。如果你是一个对他人毫不苛刻，无论何种特征都能予以包容的人，那么无论遇到何种性格的人，你们都能够维持良好的关系。相反，如果你对他人有各种各样的期待，不容易相信他人，也不容易喜欢上他人，那么无论对方是何种人，你们都不太可能维持良好的关系。

包括异性关系在内的所有关系，不仅受自身性格的影响，还会受到对方性格的影响。因为关系并不是一个人就能造就的，所以自身的多种性格特征与对方的多种性格特征之间的不同组合会带来不同的结果。

因此，“哪些人容易相处”或“哪些人比较有魅力”是很难用一两句话回答的。建立关系的最初目的、关系发展程度、自身性格、对方的性格、两个人的性格匹配程度等，都能影响这些问题的答案。

因此我们要认识到，人与人之间的关系从一开始就是非常复杂的问题。接下来，让我们了解一下心理学在异性间的魅力和关系形成问题上取得了哪些发现。

性格不同也能缔结美好的姻缘

很多情侣会将性格差异作为分手的理由，我们也往往会认为，只有性格相似的人才能够维持较好的关系。事实果真如此吗？

心理学界在这一问题上也因各种不同的发现存在着较大意见分歧。作为研究对象的情侣们有些刚刚开始恋情，而有些则发展到了一定程度。研究表明，处于不同阶段的恋人会由于性格相似程度的不同而受到不同的影响。一些实验还将初次见面的男女作为对象，在实验室中营造了人为的环境，如将研究对象的性格写在纸上交给异性等。然后研究人员将这种情况与自然相遇的情况进行了比较，结果发现性格相似有时会对关系的满足度产生影响，而有时则毫不相关。

有些研究者为了得到这一复杂问题的最终结论，综合分析了313个相互不同的研究。他们给出的结论是：性格相似会影响人们感受异性身上的魅力，在一定程度上影响着双方关系的质量，但这些影响并没有人们普遍认为的那么大。

真正重要的问题并不是性格方面有多少相似之处，而是主观地感受对方到底和自己有多像。即，具有很多共同点的“感觉”会对双方关系满足度高起到重要作用。

性格有多大程度的相似度，会与男女初次见面时被对方吸引的程度有关系。然而，随着关系的发展，双方会逐渐了解对方，而性格的相似程度所具有的影响力也会逐渐下降。

比如说，如果我们初次见面的时候感觉到对方和我们有着很多共同的性格特征或爱好的话，就很容易对其产生好感。假如一个人的性格非常外向，而对方也如此，而且两个人都热爱运动，那么彼此之间肯定会产生亲近感。然而，随着关系的发展，双方客观上具有多么相似的性格特征或爱好将会变得不再重要，真正重要的是对彼此相似的主观感觉。有研究表明，关系良好的恋人从彼此身上感受到的共同点要远远多于实际的共同点。

想一想你曾经接触过的某个人，你喜欢他或她的哪一点？你喜欢的他或她身上的某种元素和你自己有没有相似之处？

正如无数研究所提到的那样，差异本身并不会构成问题，重要的是为了理解和接受对方是否付出了努力。归根结底，“性格差异让我太痛苦”之类的话不就是因为自己不愿意改变，单纯希望对方做出改变而做出的抱怨或辩解吗？

即便如此，相似之处至少有一点好处，那就是价值观，即支配一个人人生的重要原则或目标。有研究表明，在恋人关系中，价值观产生的影响比性格所产生的更重要。研究结果表明，政治观、经济观、宗教观等多种价值观相似的情侣，要比性格相似的情侣具有更高的关系满足度。性格上存在差异无所谓，但价值观却不可以。

尤其在一些重要的问题上，价值观的差异会对双方关系产生负面影响。比如说，政治倾向非常明确的人如果遇到与自己的政治倾向完全不同的人，双方最终分手的概率就很高。相反，在一些无关紧要的问题上的价值观差异并不会太大地影响双方关系。

人生当中，每个人都有最为看重的价值。然而，如果对方在这些价值的问题上持有与你对立的立场的话，两人就很难继续维持深度关系了。比如说，你在物质层面上并没有太多的追求，而对方却非常重视这些，那么两人之间的矛盾就会因此愈演愈烈。

综上所述，因性格差异而分手这一理由很有可能等同于“没有为理解对方而付出努力”。因此，我们不要执着于找一个性格相似的人。我们应当明白，人生当中最可贵的是一个能够向同一个方向看齐的人。

人以群分，俊男配美女

通常所说的“物以类聚”，可以理解为外貌水平或社会地位相似的人会聚在一起。最典型的组合便是张东健和高素英夫妇。那么，双方到底是不是必须条件相当才能感受到彼此的魅力呢？

这个问题的答案是，在一定程度上，是的。单纯从外貌说起，情侣之间的外貌魅力值大体上是相仿的。漂亮的女性更倾向于与英俊的男性约会，而英俊的男性和漂亮的女性约会的概率也更高。

从最能够体现社会性动物价值的指数——“人气度”方面来说，人们也渴望与人气度和自己相仿的人在一起。有一项研究分析了相亲约会网站三千多名男男女女彼此联系的情况，结果发现，人气高的女性大体来讲倾向于和人气同样高的男性联系。

这种物以类聚的现象在某种程度上意味着人们会对魅力值与自己相仿的人产生吸引力。事实果真是英俊的男性会被漂亮的女性所吸引，而不英俊的男性会被不太漂亮的女性所吸引吗？

都说每个人都有属于自己的另一半，但事实并非如此。无论自身的魅力值如何，每个人都会被外表英俊美丽，享有高人气的人所吸引。就算自身没什么魅力，也同样渴望和漂亮、有前途的人在一起。

下页图是通过相亲约会网站分析的人们彼此之间联系的情况。通过仔细观察可以发现，相比于自尊感（认为自己有前途的程度）高的人，自尊感低的人更倾向于联系条件比自己差的人。但无论是自尊感低或高，每个人都渴望联系魅力十足的人。无论是男性还是女性，都出现了这种现象。

通常，“每个人都有自己的另一半”和“物以类聚”之类的话并不适用于接近他人的阶段，而更适用于接近之后决定实际“成功率”的阶段。

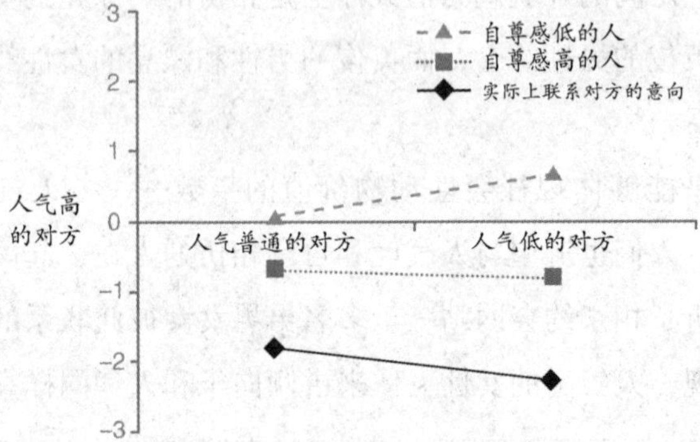

人气低的人会联系人气低的人吗?

无论自己条件如何，人们都向往着美丽和帅气的恋人，并且为了实现这一目的不断努力；但魅力值高的人很可能不会予以理睬。魅力值高的人如果遇到魅力程度与自己相近的人主动接近，接受对方的可能性很高。

让我们看一看下页的图片。首先，漂亮英俊的人主动示爱，在对方接受的情况中，很大程度上是因为受到追求的人也拥有相近的魅力值。而魅力值较高的人向魅力值较低的人示爱时，反而出现了被拒绝的情况。相反，稍逊一筹的人向魅力值相近的人示爱时会有较高的成功率。即，虽然每个人都会对外表出众的人产生好感，但只有向与自己魅力相近的人示爱时，实际成功率才会保持在较高水平。

眼光高虽然不是一件坏事，但若想真正找到另一半，我们需要做出更具战略性的选择。

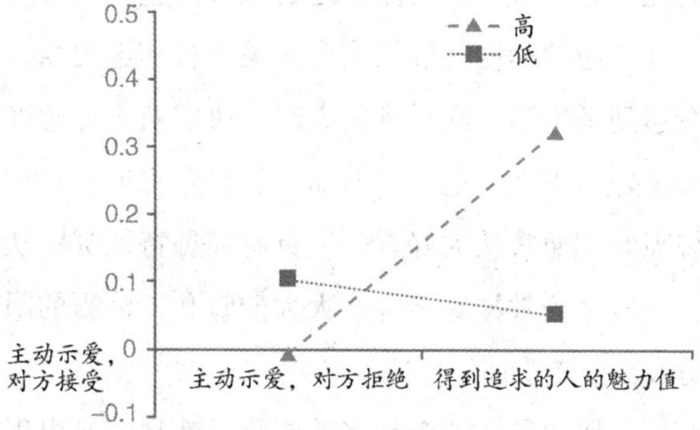

物以类聚

换句话说，我们应当认识到，只有向和自己相近的人靠近时，成功才能得到保障。虽然这话听起来有点可悲，但换个角度想一想，世上所有的人都有属于自己的另一半，这岂不是一件让人充满希望的事情吗？

长相出众的人人气较高

无论是价值观相似的人走到一起，还是魅力水平相近的人结双成对，都涉及关系当事者的特性如何协调的问题。接下来让我们了解一下，具有何种特征的人容易吸引到异性。

最先让人想起的要素必然是“外貌”。通常来讲，长相出众的人比其他人更容易享受到较高的人气。尤其在相处不久的状态中，外貌能够起到决定性的影响。

有一项研究让人们在一场舞会中结交陌生人，通过随机配对让人们在一起度过一段时间，之后调查哪些人更受欢迎。结果表明，受欢迎的程度与性格完全无关，长相越出众，人气就越高。在遇到平生第一次见到的人时，决定对方好感度的要素除了外貌之外，再无其他了。然而，我们会将何种长相当成好看的外貌呢？你通常认为好看的人具有何种特征呢？从脸蛋来讲的话，一般是经常挂着笑容，大大的瞳孔，清秀的眼眉，充满自信的人比较受欢迎。

此外，有趣的是，结合越多的面孔，就越容易出现能够让我们感到有魅力的脸蛋。合成50人的脸蛋要优于合成10人的脸蛋，而合成100人的脸蛋要比合成50人的脸蛋更好看。

这是因为，合成的脸蛋数量越多，掺入的熟悉的要素就越多，合成后的脸蛋变成了熟悉度较高的脸蛋，而脸蛋本身也会逐渐趋于对称（美丽的重要标准）。

此外，平均本身意味着良好的适应性与相关性，所以平均的脸蛋才会显得格外美丽。处于平均水平意味着能够很好地生存于当前的环境。因此，平均的脸蛋能够给他人带来有利于生存的信息。

这种平均的脸蛋在某种意义上被视为已经适应于生存的形象，因此人们会自然而然地认为平均的脸蛋格外美丽。人们通常的看法是，和那些拥有有利于生存基因的人结合，才能提高产下生存能力较高的子孙后代的概率。

散发何种气味才能受到欢迎呢？

对于异性魅力的感受不仅会受到外貌的影响，还会受到气味、声音等要素的影响。有些研究发现，先让女性闻一闻男性衣服上散发出的体味，再根据体味选择心仪的对象的话，女性就会自然地选出具有良好遗传特征的人。这就说明，除外貌之外，体味也包含对方的遗传信息，人们会据此判断对方所具有的魅力值。

从声音来讲的话，女性往往会被那些充满磁性的男性声音所吸引，而男性的声音和男性激素的分泌量有着显著的关系。即，女性会被散发男性激素的声音所吸引。同理，女性往往会认为，声音低沉的男性更容易出轨。因为声音低沉的男性魅力十足，所以出轨的概率也会相应提高。

诱惑的时候适合穿红衣服

红色口红、红色短裙等通常被认为具有诱惑的性质。红色是一种性感的颜色。可是为什么在如此众多的颜色中，女性偏偏只选择红色为性感的代表颜色呢？红色真的比其他颜色更容易显示出女性的魅力吗？

有关这个问题的实验非常简单（见下表），分别向男性展示穿着红色和白色、灰色、绿色、蓝色衣服的女性照片，并让他们回答一下几个问题：第一，这个女人是否有魅力？第二，她的性魅力如何？第三，是否有与这个女人发生性关系的欲望？第四，会不会与她约会？第五，如果与她约会，愿意为她花多少钱？

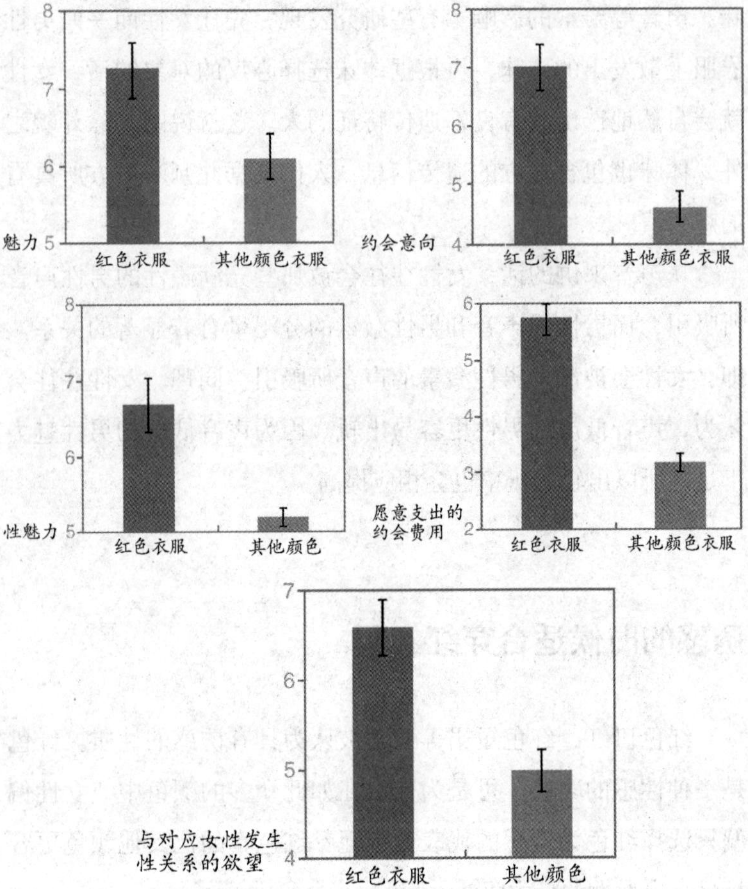

穿红色衣服和穿其他颜色衣服的女性的魅力度

实验的结果是，男性普遍认为穿红色衣服的女性更有魅力。

从图表上可以很容易看出，比起其他颜色的衣服，男性更倾向于穿红色衣服的女人更有吸引力，而且也会为她们花更多的钱。在约会费用支出方面，他们愿意为穿红色衣服的女人花双倍的钱；相反，女性却认为穿红色衣服的男性并不显得很有魅力。

出现这种现象的原因是什么呢？专家的看法是，在动物的世界中，红色是与繁殖紧密相关的颜色。在排卵活跃期，许多雌性动物的生殖器官、会阴部、胸部和脸部都会呈现红色。这是一种随着雌性激素增加，血流量加快而产生的现象，而狒狒、黑猩猩、猕猴等灵长类动物在进入可受孕期时，会阴会变得格外红。

雄性动物看到雌性动物在育龄期内相关部位出现变红的现象，无意识中就会有“啊，她现在处于育龄期，我要努力引起她的兴趣”的想法。也就是说，雄性动物在看到红色时会产生性兴奋。研究学者认为，男性为红色感到兴奋是一件极其自然的事。

在这种原始的动物性的基础上发生的事情会让我们束手无策。因为这是无意识的状态下发生的事情，我们不能感知到，不能有意识地应对。正因为如此，有时比起有意识的努力，单纯的原始性的刺激可以发挥更大的效果。有时候，无论再怎么努力都很难提上去的魅力度因为一件红色衣服就有可能骤然增加。根据相应的研究结果我们可以知道，一件红色衣服可以将女人的魅力度提高三倍甚至更高。虽然说人类是具有复杂思想的高级动物，但是如其他动物一样，人类在很大程度上也会受到本能的影响。

对于已经果断地决定向自己喜欢的男性靠近的女性，要想在日常生活中发挥红色的力量，巧妙地运用红色很重要。

饥饿时丰满的女性更受青睐

我们都知道与肥胖的女性相比，男性更喜欢身材消瘦的女性。可是这一点会随着男性的社会地位和饿肚子的程度而稍稍发生变化。一般情况下，越是社会地位或收入较低的男性，越会表现出偏爱胖女性的倾向。

关于出现这种现象的原因，研究学者们称，人类在自身拥有的资源不足时，自然就会认为看起来富足的胖女性更加漂亮。即当自己贫穷时，对方最好是富裕的。

这种现象在男性感到饥饿的时候会表现得尤为突出。肚子饿就是一种维持生存的资源不足的信号，也是以后的生存说不定会很艰难的威胁性的信号。因此处于饥饿状态的男性，也就是生存资源不足的男性与收入水平低的男性一样，都偏好看起来富有的、胖胖的女性。

研究学者们以某一大学食堂内饿着肚子的男性和已经吃饱的男性为对象，让他们看各种体形的女性照片，并向他们询问什么样的女性显得更有魅力。

下页的图中，实心的点代表已经进过餐，肚子很饱的男性，空心的点代表还没有进餐，处于饥饿中的男性；横轴表示照片中女性的BMI指数（肥胖指数），竖轴表示男性对于照片中女性的魅力评价指数。

我们从图中可以一眼看出，处于饥饿状态的男性认为即使是BMI高的女性也很漂亮。当然，对于BMI指数在20左右的女性，不管是肚子饿的男性还是吃饱了的男性，都表现出了偏爱的态度。但是吃饱了的男性对于BMI指数在20以上的女性表现不出丝毫的兴趣。与此相反，饿肚子的男性在对方BMI指数达到30时依然会认为女性的体形很有魅力。男性在吃饱的状态下偏好BMI指数为20的女性；而在肚子变饿的时候，即使是BMI为30的女性，男性也会认为很漂亮。

看到这个研究结果，有人会想："是不是应该让我男朋友饿着肚子呢？"同时，这项研究也反映了为了保持魅力而饱受减肥折磨的女性的压力。希望女性可以利用这项研究结果摆脱减肥问题的困扰（当然，这是玩笑话）。

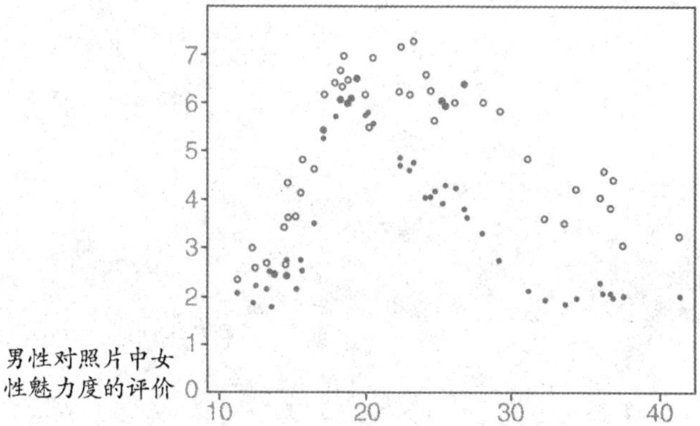

吃饱的男性与饥饿的男性眼中的魅力体形

第八章

心理魅力术：世界上最贵的礼仪课

打造社交场上魅力型男

礼仪如春风化雨，礼仪会提高你的交际品位。奥里森·马登说，如果你的社会关系是一台机器，那么，彬彬有礼的态度就是那台机器中的润滑剂。古语说得好："文质彬彬，然后君子。"人际交往中只有形成尊重和被尊重的默契与和谐，才可能给你的形象加分，让你的交际顺利进行和持续发展。

当代社会，社交礼仪不可忽视。"彬彬有礼"已经成为判断一个人社会地位和受教育程度的标准，也成为衡量一个现代人基本素养的客观依据。其实，不知你是否意识到，在大多数情况之下，你的交际成功与否，你的事业发展与否仅仅取决于你对他人的尊重。如欧美的脱帽、拥抱，中国古代的作揖，这些都是人们最起码的见面礼。在现代社会，人们行握手礼。即见面时，双方往往先打招呼，然后相握致意。关系亲密的朋友，可以伸出双手久握和用力握。关系一般的人，可伸出手一握即止，这就是"礼"。

"文质彬彬，然后君子"，意味着一个人从外表到本质文雅有礼，才能使他到处受他人的欢迎。由此可见，彬彬有礼是人际交往的基础，也是你交际更具品位的基本要求。比如参加交谊舞会，男士的衣装应该庄重整洁，举止大方；女士的衣装应该明快典雅，不宜浓妆艳抹。进入舞厅时应该彬彬有礼，对熟人和旧友要握手致意或点头问好，对陌生人也应该以礼相待。声音不宜高，步态应该轻盈，当邀请舞伴，舞曲响起来的时候，男士应该主动走到女士面前，可行半鞠躬礼，并且轻声邀请，女方点头表示同意，然后才能并肩走入舞池。所以，彬彬有礼是人与人和谐相处的最好方法，这种方法包含尊重、亲切、体谅等意义，同时也表现出个人的修养。

女人，因可爱而美丽

女人的美丽，已经被人们无数次地讴歌和赞美，文人骚客为此差不多穷尽了天下的华章。其实，在美丽面前，诗歌、辞章、音乐都是无力的。无论多么优秀的诗人和歌者，最后都会发出无奈的叹息！美丽的女人人见人爱，但真正令人心仪的永恒美丽，往往是具有磁石般魅力的女人。那么，什么样的女人才具有魅力呢？三个字：气质美。

气质是女人征服世界的利器，就如同一座山上有了水就立刻显现出灵气一样。一个女人只要插上了气质的翅膀，就会立刻神采飞扬、明眸顾盼、楚楚动人起来。

著名化妆品牌羽西的创始人靳羽西说过："气质与修养不是名人的专利，它是属于每一个人的。气质与修养也不是和金钱、权势联系在一起的，无论你是何种职业、任何年龄，哪怕你是这个社会中最普通的一员，你也可以有你独特的气质与修养。”

一个气质出众的女人总是更多地被人注意，为人欣赏，甚至机会也会更加垂青于她。

影后张曼玉是25~60岁的男人心目中一致认可的最美丽、最优雅的女人。她就像一件精美的艺术品，从任何角度看都近乎完美。在“我的白金”电视广告中，张曼玉淡妆出场，从容自信，散发出非凡的高贵气息，成为自然优雅的代名词。在众多明星中，她虽然称不上倾国倾城，但神情中传达的却是多少倾国倾城的美人缺少的东西。人们说，那是因为她有着超凡脱俗的气质，一种任时光去雕刻的独特魅力。

人们把气质看作一个褒义词，对它的了解通常是一个混沌的概念。所以常常这么评价：某人有气质，某人没气质。一个没气质的人意味着缺少内涵，一个有气质的人即便混迹于芸芸众生之中，也是鹤立鸡群，绰约的风姿自会超然于众人之上。

有许多女人并非天生丽质，但在她们身上却洋溢着夺目的气质美，如工作的认真、执着，聪慧、洒脱、敏锐，精明、干练。追求美而不亵渎美，从生活中悟出美的真谛，把美的形貌与美的气质、美的德行结合起来。只有这样，才是真正拥有了气质美。

在现实生活当中，几乎所有的男人和女人都喜欢与有气质的人相处，因为这种人使你既有视觉上的美感，还有一种吸引人的特殊力量，能不断地感染你，使你羡慕，让你追随。

有气质并不代表女人拥有美貌和身材，男人拥有风度和儒雅，更是一种内在的修养。有气质的人除了能得到别人的认可，也能得到别人的尊敬。有气质的女人懂得用男人更欣赏的东西来丰富自己，知道怎样才能让自己的美丽变成一种永恒，怎样让自己并不出众的容貌变得更加迷人。其实这一切都很简单，很容易做到，在举手投足之间表现得高尚一点，表现得善良一点，这种迷人的光环就会在你身边萦绕。

一个人的美丽不仅仅体现在优美的体态上，更为重要的是这些美丽同样要体现在对人生的态度上。高尚的人必定拥有高尚的人生观，生活总是积极向上的，每天都以微笑来面对这个世界，面对纷繁复杂的生活，似乎在这些人的生活中就不存在什么困难。正是在这个意义上，那些具有高尚人生观的人才会更加迷人。热情向上的人生态度，使得外在的美更加富于灵性，也更加瑰丽。更为可贵的是，热情向上的人生态度还能弥补形体的平凡和缺陷，使得周围的人更加赞赏你，不会因为你身体的缺陷而看低你。

守信用是礼仪的重要准则

现如今，人与人之间的交往越来越多，而在这个交往过程中，诚信和信用无疑是交流和沟通双方最为看中的品质，为人处世，“信用”非常重要。想要获得他人的信任，自己就必须做到言而有信。不讲信用的人，是不值得交往的。言而无信的话，在社会交往中无形地就会丧失很多可能成功的机会。

说话要严守信誉，不食言；说话要负责，做不到的事不可轻易许诺。说话、办事要给自己留有余地，有把握做到的事也不可大包大揽，一旦许诺，就要千方百计、不遗余力地去做到，如经努力确实做不到了，就应诚恳地向人说明原因，绝不能一味敷衍搪塞。

与人交往，以诚相待应注意以下几点：

第一，不要干涉别人的隐私。虽然说朋友之间可以敞开心扉，无话不谈，共同分享快乐和痛苦，但这并不意味着个人应该把自己的一切都公之于众。只要不违背法律和公众道德，不损害他人的利益和侵犯他人的权利，这种隐私应该得到尊重和保护。

第二，对待传闻的事情不要主观臆断、妄加猜测。对待自己不明真相的事情，不可捕风捉影、道听途说。现今社会上确有不少人听风是雨，无事生非，传散谣言，这些都是不健康的心理因素在作怪，其结果会造成人与人之间的矛盾激化。对于这种现象，品德高尚的人应该坚决抵制，不让其蔓延。

第三，要真诚待人，对朋友的过失不能幸灾乐祸。患难之交才是真正的朋友。人非圣贤，孰能无过？在朋友遇到困难和挫折时，要伸出友善之手，积极帮助，善言相劝，使其迷途知返，这才是真正的朋友。把朋友的错误当作茶余饭后的谈资，甚至添油加醋、捕风捉影，把朋友推上更为难堪的境地，并非友好之举，会导致友情的破裂，于人于己，都不会产生好的结果。

在握手中彰显优雅的风范

握手礼是目前世界上许多国家通行的礼节，也是人们日常交际的基本礼节。握手是社交活动中一个神秘的使者。怎样才能做好关系到初步印象的第一步呢?

1.把握好握手的时间

握手的时间应长短适宜，一般以3~5秒为好。如初次见面，握手时间不宜过长。如果老朋友意外相见，握手时间可适当加长，以表示不期而遇的喜悦或真诚，甚至可以一边握手一边寒暄，但一般也不要超过20秒。男士与女士握手，时间不宜过长，拉住女士的手不放是很不礼貌的。

2.选好握手的场合

应该握手的场合，至少有以下几种：

（1）在你被介绍与人相识时；

（2）与友人久别重逢时；

（3）社交场合突遇熟人时；

（4）客人到来与送别时；

（5）拜托别人时；

（6）与客户交易成功时；

（7）别人为自己提供帮助时；

（8）向人表示祝贺、感激、鼓励时；

（9）劝慰友人时。

握手应本着“礼貌待人，自然得体”的原则，并灵活地掌握与运用握手礼的时机，以显示自己的修养与对对方的尊重。握手虽然简单，但握手动作的主动与被动、力量的大小、时间的长短、身体的姿势、面部的表情及视线的方向等，往往表现握手人对对方的不同礼遇和态度，也能窥测对方的心里奥秘，因而握手是大有讲究的。

3.掌握握手的力度

握手用力要均匀，不要死握住对方不放，让人有痛感，尤其对女性，不能让女性产生痛楚感。也不要松松垮垮，软绵无力，尤其是男性，握手如果无力，只轻轻碰一下，就会被认为是毫无诚意或拒人于千里之外。对于女性而言，握手可以松软些，不必太用力，而且，男人同女人握手，一般只轻握对方的手指部分。握姿要沉稳、热情、真诚。所谓轻重适宜，就是指握手时的力度能传递自己的热情，但又不能粗鲁。

4.了解握手的方式

握手需要用右手。握手时要注视对方，千万不要一面握手，一面斜视他处，或东张西望，这都是不尊重对方的表现。有时为了表示更多的敬意，握手时还要微微点头鞠躬。握手时要上下微摇，不是一握不动。男士之间可以握得较紧较久，以表示热烈。但要注意既不能握得太使劲，使人感到疼痛，又不能显得过于柔弱，不像个男子汉。对女士则只能轻握，也不宜握得太久不放，老朋友可以例外。

一般是站着握手，除因重病或其他原因不能站立者外，不要坐着与人握手。不过，如果两人都是坐着，可以微曲前身握手。

人多时，注意不要交叉式握手，可待别人握完再握。每逢热烈兴奋的气氛时，有些人容易忽略这一点，要特别注意。到朋友家中，客人多，只需与主人及熟识的人握手，其余的人只需点头致意。但经过主人介绍的，就要逐一握手致意。

握手时要脱去手套，如因故来不及脱掉就握手，须向对方说明原因，并表示歉意。

不过据欧美传统，穿大礼服、戴白羊皮手套者，因不易脱下，按习惯可以不脱手套握手，但须请求对方原谅。另外，据西方传统，地位高的男士和妇女也可以戴手套握手。

用右手握手后，左手也加握，也可说用双手握手，这是我国人民经常实行的礼节，以表示更加亲切，更加尊重对方。随着国际交往的扩大，来华访问的客人增多，这种礼节已为越来越多的外国朋友所熟悉，许多外国朋友也在采用，特别是在老朋友之间。但这种礼节，不必每次都用，男士对女宾则一般不用。

军人戴军帽与对方握手时，应先行举手礼，然后再握手。

握手除是见面的一种礼节外，还是一种祝贺、感谢或相互鼓励的表示。如对方取得某些成绩与进步时，对方赠送礼品时以及发放奖品、奖状、发表祝词、讲话后等，均可以握手来表示祝贺、感谢、鼓励等。

5.怎样与尊贵者握手

与尊贵者握手，如老人、长辈或贵宾握手，不仅是为了问候和致意，还是一种对对方尊敬的表示。除双方注视，面带微笑外，还应注意以下几点：

（1）出手先后。在一般情况下，平辈、朋友或熟人先伸手为有礼，而对老人、长辈或贵宾时则应等对方先伸手，自己才可伸手去接握。否则，便会看作是不礼貌的表现。

（2）握手姿势。握手时，不能昂首挺胸，身体可稍微前倾，以示尊重，但也不能因对方是贵宾就显得胆小拘谨，只把手指轻轻接碰对方的手掌就算握手，也不能因感到“荣幸”而久握对方的手不放。

（3）与老人或贵宾握手。当老人或贵宾向你伸手时，应快步上前，用双手握住对方的手，这也是尊敬对方的表示。并应根据场合，边握手边打招呼问候，如说“您好”“欢迎您”“见到您很荣幸”等热情致意的话。

（4）与多人握手。遇到若干人在一起时，握手、致意的顺序是：先贵宾、老人，后同事、晚辈，先女后男。还必须注意，不要几个人竞相交叉握手，或在跨门槛甚至隔着门槛时握手，这些做法也是失礼的行为。

（5）注意双手卫生。在社交中，除注意个人仪容整洁大方外，还应注意双手的卫生，以不干净或者湿的手与人握手，是不礼貌的。如果老人、贵宾来到你面前，并主动伸出手来，而你此时正在洗东西、擦油污之物等，你可先点头致意，同时亮出双手，简单说明一下情况，并表示歉意，以取得对方的谅解，同时赶紧洗好手，热情予以招待。

（6）与身份高的人相遇时。在外交场合，遇见身份高的领导人，应有礼貌地点头致意或表示欢迎，但不要主动上前握手问候，只有在对方主动伸手时，才可向前握手问候。

6.礼貌地同女性握手

与女性握手，应等对方首先伸出手，男方只要轻轻地一握就可。如果对方不愿握手，也可微微欠身问好，或用点头、说客气话等代替握手。一个男子如主动伸手去和女子握手，则是不太适宜的。

与女性握手，最应掌握的是时间和力度。一般来说，握手要轻一些，短一些，也不应握着对方的手用劲摇晃。但是，如果用力过小，也会使对方感到你拘谨或虚伪敷衍。

在握手之前，男方必须先脱下手套，而与女子握手，则不必脱手套，也不必站起。按国际惯例，身穿军装的男子可以戴着手套与妇女握手，握手时先行举手礼，然后再握手，这是一种惯例。握手时，应微笑致意，不可目光看别处或与第三者谈话。握手后，不要当着对方的面擦手。

7.握手的避讳

（1）忌目光游移。握手时精神不集中，四处顾盼，心不在焉。

（2）忌交叉握手。当两人正握手时，跑上去与正握手的人相握，是失礼的。

（3）忌敷衍了事。握手时漫不经心地应付对方。

（4）忌该先伸手不伸手。

（5）忌出手时慢慢腾腾。对方伸出手后，我们自己出手要快，不应慢慢腾腾。

（6）忌握手时戴着手套或不戴手套与人握手后用手巾擦手。

馈赠的礼节：礼轻情意重

送礼是表达感情和加强沟通的一种形式，既可以保持人们之间的关系，又可增进感情，也是人际交往之中表达友情、敬重和感激的形式。它更为重要的是表达了馈赠者的诚心，要想恰如其分地做到这一点，必须注意礼品的选择，馈赠的时间和方式。

选择馈赠品时，馈赠的一方要考虑很多因素，不能盲目挑选礼物，要考虑受礼一方的性别、婚姻情况、教养、嗜好，应挑选实用的。或是具有鲜明特色，或是有突出的标志，或是能够使其经常看见、经常使用的礼品，可以提醒主人你的存在。若所送的礼品过于贵重，会增加受礼者的心理负担。礼品要在受礼者所喜爱的基础上，有所创造。

一般而言，礼品可分为两种：一是可长期保存的礼品，如工艺品、书画、照片、相册等；二是保存时间较短的礼品，如食物、电影票和一次性消费品等。前者礼重意深，后者经济实用。馈赠可根据情况选择，要诀是：实用、恰当大于价格。

对于经常交往的朋友，不必每次都送礼。比如，拜访时可以随身携带小礼品，落座后就应把礼品拿出来，双手捧交对方。收别人礼物宜双手捧接，并立即表示感谢。如果不适合接受的礼品，要及时退还礼品，可当面或者是在24小时内付诸行动，表示感激，同时说明不受之理由。

还应重视礼品的包装，对礼品的精心包装会愈加显示出馈赠者的情谊和诚心。礼品也可以请人送上门或邮寄，收到送来或邮来的礼品，受礼者应亲笔回复一封信或回复一条短信，表示感谢。

礼物代表你的心：送礼要真心

很多人送礼不是心甘情愿，只是因为情人节来了，教师节到了，新年到了，过生日了，或是因为她是我母亲，是我女儿，他是我的朋友、先生等等，所以就随便买个东西。如果真是这样，那送礼就成了一种负担，对买的人和接受的人来说都是一种负担。因为你收到的东西仅仅是个物品而已，里边没有灵魂，没有感情。在节日或过年的时候，如果我们没有爱心，没有诚心的祝福，没有真挚的情感，那么也没必要互相送礼了，礼物也就失去了真正的意义。但多数的人就是如此，因为太忙而没有对礼物做过多的思考，没有时间去想是否要投入情感，当节日来临时，就将礼物往对方手里一塞完事。

借礼物来表达情感是很好的习俗，如果礼物中充满我们的诚意，即使只是一朵玫瑰花，那也足够了；如果只是想要炫耀，就算买了一大束花也毫无意义。常听人说：“哎呀！春节快到了，我还没买礼物给那个人，我还没买礼物给这个人。”于是，节日送礼好像成了一种负担，不是表达爱的节日，不是一个庆祝我们友谊牢固的时机，而是个麻烦的时刻，是一年中非常累人的时期。

也许只是为了履行彼此间的义务，人们需要送礼，但他们并不真正了解送礼的意义，因此，在节日或新年的时候，购物变成了非常无聊的工作。有那么多事要做，要开车或坐车到处跑，要包很多礼物等等，在这么匆忙之中很难投入情感。所以，每逢节日的时候，人们会用毫无意义的东西来装扮自己的房子。一些没必要的玩具和物品，连我们自己都感到惊讶：为什么要买这些浪费金钱的东西？当然，人们在送礼的过程中还会遇到令人尴尬的事，有时你会发现自己送出去的礼物，在朋友之间绕了一大圈后又回到自己手上，有时候这个礼物正是你先前不想要的东西，而它却绕了一圈后还是属于你。

当然，大多数人送礼是为了增进彼此感情的需要，促进交际的和谐发展。一件小小的礼物，就会赢得恋人的芳心，令父母欢心，讨上司欢喜，受朋友欢迎，礼物功不可没。如果我们把送礼看成一种负担，就等于给自己的情感增加负担，给自己的人际关系施加了无形的压力，而这极大地影响了你与别人的亲密程度，增加了交往距离。

第九章

心理掌控术：平衡工作与生活

掌握名片效应，缩小心理距离

有一位求职青年，应聘几家单位都被拒之门外，为此他感到十分沮丧。最后，他又抱着一线希望到一家公司应聘，在此之前，他先打听该公司老总的历史，通过了解，他发现这个公司老总以前也有与自己相似的经历，于是他如获珍宝，在应聘时，他就与老总畅谈自己的求职经历，以及自己对未来的展望。

果然，这一席话博得了老总的赏识和同情，最终他被录用为业务经理。

有实验结果表明，经过“名片递送程序”的要比未经过“名片递送程序”的能更快、更容易地接受我们所主张的思想观点，而本人在对方面前也容易成为一个他们所能接受的人，感到亲切的人，同他们有许多共同点的人。

只要我们摸准对方的预存立场和基本态度，而后恰当地运用“名片”，就能比较有效地对别人施加影响，并顺利地实现自己的目的。

名片效应指的是要让对方接受你的观点、态度，你就要把对方与自己视为一体，首先向交际对方传播一些他们所能接受的、熟悉并喜欢的观点或思想，然后再悄悄地将自己的观点及思想渗透和组织进去，使对方产生一种印象，似乎你的思想观点与他们已认可的思想观点是相近的。

表明自己与对方的态度和价值观相同，就会使对方感觉到你与他有更多的相似性，从而很快地缩小与你的心理距离，更愿意与你接近，结成良好的人际关系。

美国前总统里根迎合选民的手法变化多端，富有吸引力。在向一群意大利血统的美国人讲话时，他说："每当我想到意大利人的家庭时，我总是想起温暖的厨房，以及更为温暖的爱。有这么一家意大利人，他们住在一套稍嫌狭小的公寓房间里，但他们已决定迁到乡下一座大房子里去。一位朋友问这家人12岁的儿子托尼：'喜欢你的新居吗？'孩子回答说：'我们喜欢，我有了自己的房间，我的兄弟也有了他自己的房间，我的姐妹们都有了自己的房间。只是可怜的妈妈，她还是和爸爸住一个房间。'"

这个笑话明显地拉近了他与选民的心理距离，有效地推销了他的形象。他所使用的，就是一种名片效应。

松下幸之助出身贫寒，年轻时到一家电器工厂去谋职，这家工厂的人事主管看着面前的小伙子衣着肮脏、身体瘦小，觉得不理想，信口说："我们现在暂不缺人，你一个月以后再来看看吧。"

这本来是在推辞，没想到一个月后，松下幸之助真的来了，如此反复了多次，主管只好直接说出自己的态度："你脏兮兮的，是进不了我们工厂的。"于是松下幸之助立即回去借钱买了一身挺括的衣服穿上，再次去面试。负责人看他如此实在，只好说：“关于电器方面的知识，你知道得太少了，我们不能要你。”

不料两个月之后，松下幸之助再次出现在人事主管面前：“我已经学会了不少有关电器方面的知识，您看我哪方面还有差距？我一项项来弥补。”

这位人事主管紧盯着态度诚恳的松下幸之助看了半天才说：“我干这一行几十年了，还是第一次遇到像你这样来找工作的。我真佩服你的耐心和韧性。”

正是松下幸之助这种不轻易放弃的精神，在主管的心目中形成了一种良好的名片效应，从而使他得到了这份工作。而他自己也最终通过不断努力，逐渐成为电器行业的英雄。

名片效应有助于消除别人的防范心理，缓解他们的矛盾心情，也有助于减少信息传播渠道上的障碍，形成情投意合的沟通氛围。其操作要点在于以下两个方面：

（1）要善于捕捉对方的信息，把握真实的态度，寻找其积极的观点，你可以接受的观点，形成一张有效的“名片”。

（2）寻找时机，恰到好处地向对方出示自己根据“名片”打造出的形象，这样，你就可以达到目标。

荣耀给别人，独自贪功最愚蠢

有位编辑很有才气，他编辑的杂志很受欢迎。有一年，他得到了大奖，一开始他还很快乐，但过了几个月，他的脸上却没有了笑容。他说，社里的同事，包括他的上司，都在有意无意间和他作对。

这是为什么呢？原因是他犯了“独享荣耀”的错误。事情是这样的：

他得了大奖，老板还另外给了他一个红包，并且当众表扬他的工作成绩。但是他并没有现场感谢上司和属下的协助，更没有把奖金拿出一部分请客，所以大家虽然表面上不便说什么，但心里都感到不舒服，和他产生了隔阂，所以就和他作对了。

就事论事，这份杂志之所以能得奖，这位编辑贡献最大，但是当有“好处”时，别人并不会认为哪一个人才是唯一的功臣，总是认为自己没有功劳，也有苦劳。所以他“独享荣耀”，就会引起别人的不舒服。尤其是他的上司，更因此而产生不安全感，害怕失去权力，为了巩固自己的领导地位，所以他自然就没有好日子过了。

由于上司的白眼，同事间关系的冷漠，两个月后，这位编辑就因为待不下去而辞职了。

这位编辑造成最后这种局面的根源还是在于他自己。谁让他忽略了别人的感受呢？其实每个人都认为别人的成功总有自己的一份功劳和苦劳，而他却傻乎乎地独自抱着荣耀不放，别人当然不会为他如此自私的做法而感到舒服了。

1931年，因为卢瑟福在科学界的地位而被英国政府授予“勋爵”称号。他本人从来不把这些荣誉当作包袱，他声明说：“我并不看重这个勋爵形式，因为它对我这样的科学家有明显的不利。”

卢瑟福从不掠人之美，他总是怀着无限感激的心情来记述那些曾经帮助过他的朋友和团体。

例如，1932年，他在《麦克吉尔新闻报》上发表的一篇文章中强调：“关于原子转变的第一个确切证明的荣誉是属于麦克吉尔大学的。”他还进一步指出，1902—1904年两年间所积累的实验证据是索迪和他本人一起取得的。并且明确指出：“这个近年来激动人心的发现，它的第一步是在蒙特利尔完成的。”

卢瑟福从来都不把一切荣誉和成就记到自己的功劳簿上，他认为：“科学家不是依赖于个人的思想，而是综合了几千人的智慧，所有的人想一个问题，并且每人做它的部分工作，添加到正在建立起来的伟大的知识大厦之中。”

卢瑟福就是靠着集体的智慧而在科学研究中取得一个又一个的成就。

卢瑟福在皇家文学学会（该会后来授予他艾伯特奖章）的一次演讲中，详细论述了玻尔的原子结构学说，并且指出，在他看来，25年来，精确地说，从19世纪末开始算起，总共只有三个基本的发现，那就是：1895年的β射线，1896年的放射性和1897年为汤姆生所证实的电子。

按照卢瑟福的这一看法，后来的一切科学研究工作，实际上都是来源于这三大发现。他所列举的三个重大发现，竟然没有一个是属于他本人的——从这里，人们也可以再次看到他那谦虚、淳朴的思想作风和高尚的情操。

把荣耀送给别人是一个聪明的做法，独自贪功是自私和愚蠢的，它会给你带来人际关系上的危机。

为了让荣耀为你带来益处，你需要做好这样几件事：

1.感谢

感谢同仁的鼓励、帮助和协作。不要认为这都是自己的功劳，尤其要感谢上司，感谢他的提拔、指导、授权。如果实际情况果真如此，那么你的感谢就是应该的；如果同人的协助有限，上司也不值得恭维，你也有必要感谢他们，这样做虽然勉强一些，但是可以使你避免成为众矢之的。

2.分享

口头上的感谢也是一种分享，这种“分享”可以无穷地扩大范围。另一种是实质的分享，别人倒也不是要分你一杯羹，但是你主动地分享却会让旁人有受尊重的感觉。如果你的荣耀事实上是众人鼎力协助完成的，那么你更不应该忘记这一点。实质分享有很多种方式，小的荣耀请吃糖，大的荣耀请吃饭，分享了你的荣耀，就不会有人和你作对了。

3.谦卑

人往往一有了荣耀就“忘了我是谁”地自我膨胀心理，这种心情是可以理解的，但旁人就遭殃了，他们要忍受你的嚣张气焰，却又不敢出声，因为你正在风头上。可是慢慢地，他们会在工作上有意无意地抵制你，不与你合作，让你碰钉子。因此，有了荣耀，要更谦卑。要不卑不亢不容易，但“卑”绝对胜过“亢”，别人看到你的谦卑，会说：“他还蛮客气的嘛！”当然就不会找你麻烦，和你作对了。

谦卑的要领很多，但做到两点就差不多可以了：对人要更客气，荣耀越高，头要越低；别再提你的荣耀，再提，就变成吹嘘了。事实上，你的荣耀大家早已知道，何必再提呢？

成为办公室人见人爱的同事

上班之后，每天和我们相处时间最长的人是谁？不是爱人，不是父母，而是同事。早上一睁开眼，便急急忙忙赶去与他们见面；直到夜幕低垂，才满脸倦意地互道“再见”。出来做事的头一天，父母都要千叮咛万嘱咐：在外面，讲究的是一团和气，和同事抬头不见低头见，千万别生嫌隙。

但人算不如天算，虽然你小心翼翼地维护着和同事的关系，但有一天却仍可能惊奇地发现，自己怎么被同事孤立起来了呢？

被同事孤立的滋味不好受，被孤立的原因也是五花八门。但每个感到孤立的人都可以想一想，为什么被孤立的是自己，而不是别人呢？

除了遇上一些天生善妒的小人，大部分时候，自身的一些缺点都是导致被孤立的主要因素。在单位里，飞扬跋扈的人，搬弄是非的人，打小报告的人，爱出风头的人，往往都是被孤立的对象。假如你被孤立了，赶快检查一下，自己是不是这类人？

归纳起来，被同事孤立的原因主要有如下三种：

1.因为薪水过高

黄晓燕自从进了现在这家公司后，就一直被同部门的两个女同事孤立。每天上下班，黄晓燕都会向她们微笑、打招呼，但她们总是面无表情，装作没看见。每每这个时候，黄晓燕的微笑就一下子僵在脸上，别提多尴尬了。

平时，她们也不和黄晓燕讲话，有时黄晓燕凑过去想和她们一起聊天，结果她们像商量好的一样，马上闭上嘴巴，各做各的事情去了，丢下黄晓燕讪讪地站在一边。

在这种环境下工作，黄晓燕的郁闷可想而知。后来，她才迂回曲折地从其他同事那里听到一点儿风声：黄晓燕虽然初来公司，但工资却比这两个女同事高出一大截，于是引来了她们的忌恨。

黄晓燕对现在的工作非常满意，不但轻松，而且工资待遇也很称心。她不想因为同事关系不和就牺牲了工作，可心头的烦恼却一天胜似一天。

解决之道：堡垒都是从内部攻破的，想不被人孤立，关键在于打破敌方的统一战线。黄晓燕可以找机会多接近两人中比较好说话的那个，经常赞美她的服饰、气色，聊聊家常；另一个就是只打招呼，少说话。时间长了，她们的阵营自然就被分化了。不过，使用这一计，必须有十足的耐心。

2.因为弄错角色

赵蕾在一家国有企业从事财务工作，财务部只有主任、出纳和她三人。主任不管业务，出纳去年才凭关系进来，于是全部门所有的工作几乎都压在赵蕾身上。出纳只做现金一块的活计，连最基本的报销都不做，但主任从来不说半个“不”字，因为她有靠山。

在领导的纵容下，出纳工作极其马虎。相反，赵蕾做事努力尽心，可到最后总是吃力不讨好。主任有时还会暗示赵蕾，她对工作太认真，把事情都默默地做完了，不等于把他架空了吗？

赵蕾心底里直呼冤枉。主任连计算机都不懂，动不动就甩手把所有的工作都推到她一个人身上，把她累得几乎趴下。到头来，却埋怨她太过能干，赵蕾感到自己简直里外不是人。

现在，主任和出纳都明显地表现出不喜欢赵蕾，平时两人总是有说有笑、有事商量，单单把赵蕾排除在外，赵蕾为此郁闷不已。

解决之道：被同事孤立时，我们也应从自身找找原因。如果一个人不喜欢你，可能是他不对；如果所有人都不喜欢你，也许问题就出在你身上。赵蕾对工作兢兢业业，为什么不被主任肯定？很可能是她平时有些越级的举动，令主任不满。她说，自己很想把财务部工作搞好，可是，三个人中，就只有她有这个意识。由此可以看出，她把自己的角色弄错了。

做好部门工作是主任的事情，作为下属，应当配合上级完成这一目标，而不是干脆代替上级去思考。她在言谈中，对主任颇为鄙视，主任对此怎么会没有察觉呢？看来，赵蕾还是应该先摆正自己的位置。

3.因为太出风头

许明明是个精明能干的女子，年纪轻轻便受到老板的重用，每次开会，老板都会问问她，对这个问题怎么看？她的风头如此之足，公司里资格比她老，职位比她高的员工多多少少有些看不下去。

许明明观念前卫，虽然结婚几年了，但打定主意不要孩子。这本来只是件私事，却有好事者到老板那里吹风，说她官欲太强，为了往上爬，连孩子都不生了。这个说法一时间传遍了整个公司，许明明在一夜之间变成了“当官狂”。

此后，许明明发觉，同事看她的眼神都怪怪的，和她说话也尽量“短平快”，一道无形的屏障隔在了她和同事之间。许明明很委屈，她并不是大家所想的那么功利呀，为什么大家看她都那么不屑？

解决之道：在职场中锋芒太露，又不注意平衡周围人的心态，有这样的结果并不奇怪。许明明并非目中无人，只是做人做事一味高调，不善于适时隐藏自己的锋芒。只要她能真诚地对待同事，日子久了，他们自然就会明白，这就是她的真性情。

使下属感受到领导的温暖

南风法则也称为温暖法则，源于一则寓言：

北风和南风比威力，看谁能把行人身上的大衣脱掉。北风首先来一个寒冷刺骨的冷风，结果行人把大衣裹得紧紧的。南风则徐徐吹动，顿时风和日丽，行人因为觉得春意上身，于是解开纽扣，继而脱掉大衣，南风获得了胜利。

这则寓言形象地说明了一个道理：温暖胜于严寒。

得人心者得天下，企业家与员工的关系是鱼和水的关系，企业家是离不开员工的，因此，一定要在企业内部搞好员工关系，增强企业的凝聚力。

正泰集团创始于1984年7月，主要生产经营高低压电器、输变电设备、仪器仪表、建筑电器、通信设备、汽车电器等产品。集团综合实力已连续五年名列全国民营企业500强前十位。正泰集团董事长南存辉认为：“企业讲究以人为本，全员参保是企业凝聚人心的重要措施，是企业应尽的社会责任，关乎国运，惠及子孙，恩泽本人，有利于企业的发展。”于是，2001年年末，作为民营企业的正泰集团，率先搞起了员工社会养老保险。这项工作被誉为正泰集团的“人心工程”。因为，在南存辉眼里，为员工做好社会保险工作，是一项吸引人、凝聚人、激励人、留住人的重要手段。

到2002年年底，正泰集团总部所属各公司参保人数已达六千多人，正泰集团为此支出了上千万元的资金。

南存辉的估计是正确的，社保的推行，不仅体现了企业的关爱，稳定了员工的人心，激发了大家的热情，更重要的是，还推动了企业的发展。2002年，正泰经济效益同比增长39%，取得了可喜的成绩。

南存辉注重保障员工的利益，这是人人皆知的。在他的企业里，如果员工的利益受到了侵犯，他会毫不犹豫地站在员工这边；如果员工遇到了困难，他会毫不犹豫地帮助员工解决困难，顺利渡过难关。

华人首富李嘉诚曾说："虽然老板受到的压力较大，但是做老板所赚的钱，已经多过员工很多，所以我事事总不忘提醒自己，要多为员工考虑，让他们得到应得的利益。"这也许应该是每一位创业者都应该持有的待人之道吧。

领导者在管理中运用南风法则，就是要尊重和关心下属，以下属为本，多点人情味，使下属真正感觉到领导者给予的温暖，从而去掉包袱，激发工作的积极性。

领导可以从两个方面努力：

1.使员工感到愉快

如果公司成天暮气沉沉，各成员之间"鸡犬之声相闻，老死不相往来"，如何能激发员工的热情，钟爱企业呢？如果公司不能激发快乐气氛和振奋精神，又怎么能使员工全心全意地工作呢？有人问比尔·盖茨，如果让他重新开始，他会去哪家公司上班？盖茨没有直接回答这个问题，而只是谈了使人高兴和令人感到工作有趣的重要性。为了吸引和留住那些最好的职员并激发他们的工作激情，老板需要在工作场所营造一种振奋精神和令人愉快的氛围。

2.兼顾工作和家庭

家庭是社会的细胞，稳定的家庭对工作有很大的促进作用。一份调查报告中说："有90%的高层领导将工作带回家去做，他们呼吁要更好地注意兼顾员工们的工作和家庭，否则，企业有可能失去一些人才。"

由于社会竞争越来越激烈，人们生存的压力也越来越大，在日本，许多人因过度劳累而猝死在工作岗位上。这种现象的发生，就是日本政府和企业领导未能协调好员工工作和生活需要之间的平衡。要赢得职员的心，就必须采取积极的方法，兼顾他们的工作和家庭。

平衡是高效能生活最主要的也是唯一的因素，平衡工作做得越好，效能、热诚和创造力也就越大。

把难管理的员工聚在一起

没有马蝇叮咬，马慢慢腾腾，走走停停；有马蝇叮咬，马不敢怠慢，跑得飞快。马蝇效应给我们的启示是：一个人只有被“叮”着、“咬”着，他才不敢松懈，才会努力拼搏，不断进步。企业也是这样。

一天，银行家巴恩到林肯总统的办公室拜访，正巧看见参议员萨蒙·蔡思从林肯的办公室走出来。于是，巴恩对林肯说：“如果您要组阁的话，千万不要将此人选入您的内阁。”“为什么？”林肯奇怪地问。巴恩说：“因为他是个自大成性的家伙，他甚至认为他比您伟大得多。”林肯笑了：“哦，除了他以外，您还知道有谁认为他自己比我伟大得多？”巴恩说：“不知道，不过，您为什么要这样问呢？”林肯说：“因为我想把他们全部选入我的内阁。”

事实证明，蔡思果然是个狂态十足、极其自大而且忌妒心极重的家伙。他狂热地追求最高领导权，本想入主白宫，不料落败于林肯，只好退而求其次，想当国务卿，林肯却任命了西华德，无奈，只好坐第三把交椅——当了林肯政府的财政部长。

为此，蔡思一直怀恨在心，激愤不已。不过，这个家伙确实是个大能人，在财政预算与宏观调控方面很有一套。林肯一直十分器重他，并通过各种手段，尽量减少与他的冲突。后来，目睹过蔡思种种形状并搜集了很多资料的《纽约时报》主编亨利·雷蒙顿拜访林肯的时候，特地告诉他，蔡思正在狂热地上蹿下跳，谋求总统职位。

林肯以他一贯特有的幽默对雷蒙顿说："亨利，你不是在农村长大的吗？那你一定知道什么是马蝇了。有一次，我和我兄弟在肯塔基老家的农场里耕地，我吆马，他扶犁，偏偏那匹马很懒，老是磨洋工。但是，有一段时间，它却在地里跑得飞快，我们差点儿都跟不上它。到了地头，我才发现，有一只很大的马蝇叮在它的身上，于是我把马蝇打落在地。我的兄弟问我为什么要打掉它，我告诉他，不忍心让马被咬。我的兄弟说：'哎呀，就是因为有那家伙，这匹马才跑得那么快。'"

然后，林肯意味深长地对雷蒙顿说："现在正好有一只名叫'总统欲'的马蝇叮着蔡思先生，那么，只要它能使蔡思那个部门不停地跑，我还不想打落它。"

林肯的胸襟和用人能力，使他成为美国历史上最伟大的总统之一。

某种程度上说，企业组织类似于马群。而那些个性鲜明、我行我素，同时又能力超强、充满质疑和变革精神的员工，就是企业中的马蝇。在一些组织中，他们被叫作问题员工，甚至上了黑名单，因为他们难以被管理。

“如果把马蝇看作是对组织的一种刺激，那么IBM公司确实也有很多这样的员工，因为IBM公司的核心理念之一就是‘创新’。要创新，就必须要有这样的员工来经常刺激整个组织。”IBM华东区人力资源经理姜雅玲这样说，“IBM不会简单地将这样的员工当作问题员工。”

“马蝇也要分两种，有的马蝇会传染疾病。”姜雅玲说，“个性化员工也要分两种，应区别对待。IBM每年都要与员工签订一份《员工行为准则》，其中包括遵纪守法、诚实、正直等。那些违反了行为准则的‘马蝇’，比如作假的员工，会通过正当程序被IBM辞退。”

有一个经典故事经常被管理界引用，这个故事来源于IBM“商业魔戒三部曲”之《小沃森传》中：

1947年，小沃森刚刚担任IBM销售副总裁。一天，一个中年人沮丧地来到他的办公室，提出辞职，因为他原来的导师柯克和小沃森是竞争对手，他确信小沃森主政后会把他挤垮。这个中年人就是曾任销售总经理的伯肯斯托克，其人才华横溢，但一度受挫。

没想到，小沃森对他笑着说：“如果你有才华，就可以在我的领导下展现出来，在任何人的领导下，而不光是柯克！现在，如果你认为我不够公平，你可以辞职。但如果不是，你就应该留下来，因为这里有很多机会。”伯肯斯托克留下来了，并在后来为IBM立下了卓著的功勋。

小沃森说，“在柯克死后，留下他是我最正确的做法。”事实上，小沃森不仅挽留了伯肯斯托克，他还提拔了一批他并不喜欢但有真才实学的人。

这个故事体现的精髓，后来构成了IBM企业文化的一个重要营养来源。“吸引、激励、留住行业中最好的人才”，如今已成为IBM人力资源工作的宗旨。而从另外一个角度来说，伯肯斯托克是IBM历史上一只很大、很厉害的“马蝇”。

人的工作是最难做的。很多时候，公司无法取得更大的发展，甚至分崩离析，树倒猢狲散，其根源就在于没有做好人的工作。

作为一个管理者，最大的成就就在于构建并统率一支由各种不同的专业知识及特殊技能的成员组成的，具有强大战斗力与高度协作精神的团队，不断挑战更高的工作目标，不断创造更大的绩效。

为此，可能需要超越旁人的勤奋，需要更多的知识，需要更强的资源支持。

更重要的是，还需要像林肯一样，善于运用自己的智慧，利用马蝇效应，把一些很难管理然而又十分重要和关键的员工团结在一起，充分发挥他们的作用，不断为公司创造更大的绩效。

激励员工事半功倍

工作成绩被肯定，是人的价值得到了最期望的肯定。当员工得到赞赏和鼓励后，会本能地焕发出更多的光和热。试着去寻找员工身上值得你赞赏和称颂的东西，并且真诚地告诉他。一开始也许不容易，但不久就会习惯的。

领导人能让员工达到巅峰状态的重点是“激励”。领导者懂不懂专业技术，这不是重点，懂得如何凝聚适合的人才，如何改正缺点，如何发挥优点，如何激励别人达到巅峰状态，这才是领导的重点，利用赞美激励员工的士气往往会起到事半功倍的效果。

随时鼓励并称赞球员，是韩国足球队前主教练希丁克激励团队的风格。希丁克一般不用直接的批评，而是以直接或间接的鼓励，来刺激球员兴奋起来。

他上任后，给教练组声明的第一个原则就是“千万不要责备球员”。意思是说，即使球员做错了，也要让球员自己说出来，这样他们才不会再犯同样的错误。

选拔球员时，他也不用“那个球员不行”之类的否定话语，相反，他会非常积极地寻找每个人的潜能及特长。

希丁克一直说：“我会随时称赞球员，绝不会当众指责他们。指出错误、骂一通，也只会在球队内部。那是我和球员之间的约定，也是我的原则！”

对于球员的失误，他也绝对不会当面发火，相反，会通过耐心的说明使球员领悟。但如果给了一次机会，球员还没有“听话照做”，该球员的机会也许就会到此结束。

在言论上，希丁克不管是称赞某个球员，还是指出某个球员的错误，从不指名道姓，而是针对问题，就事论事，而且总是先称赞后批评，或者先批评，紧跟着称赞来激励球员。

比赛结束后，要指出球员的错误时，他开头会说："只是要分析比赛情况，而不是为了责怪谁，所以请不要紧张。"接着，他会让所有记者退出，然后一条条分析比赛内容。

希丁克不一样的心胸，为球员们的自信心和斗志奠定了坚实的基础，大大提高了球队的士气。美国篮球界大名鼎鼎的K教练率领杜克大学队在NCAA叱咤风云多年，他曾这样说："球队的'士气'是胜利的第一要素！"希丁克能让所有球员在所有比赛中感觉自己是球队中最棒的球员，他随时在鼓励球员"你刚才太棒了"。

在玫琳凯化妆品公司中，赞美是最重要的，公司的整个行销计划都以它为基础。在各种场合中，公司领导总是不吝惜地给予赞美——

例会上的赞美：玫琳凯公司每个地区的分公司每周的例会上，都会有这周销售最佳人员的成功经验的讲述和分享，这是一种别样的赞美。主持人在介绍最佳销售员时，每一个美容顾问都会毫不吝啬自己的掌声。

缎带的赞美：在玫琳凯公司，一位美容师在第一次卖出100美元产品时，就会获得一条缎带，卖出200美元时再得一条，并以此类推。这种仅需要0.4美元的礼物奖赏远比100美元的礼物盒有效。

别针的赞美：玫琳凯公司每一位美容师都会以佩戴形式各异的别针为荣，这些别针在美国达拉斯设计制造，然后用飞机运到世界各地，用来奖励在销售产品时有优异销售业绩的美容师。每个别针都有不同的含义，比如其代表最高奖赏的镶钻石大黄蜂别针：大黄蜂身体很笨重，要飞起来相当不容易，它象征玫琳凯的女性在身负家庭各种负担的情况下，还能获得如此优异的成绩，是非常不容易的。在每一个不同的阶段，当你有了一些进步和改善的时候，玫琳凯都会奖给你各种不同意义的别针，而别针是女性非常喜欢的装饰品，尤其是象征荣誉的别针。

《喝彩》的赞美：《喝彩》是玫琳凯公司内部发行的杂志，这本杂志的最主要目的就是给予赞美，它的发行量和许多全国性的杂志不相上下。上面刊登每月世界各地最优秀的销售员、最优秀的培训员、各种竞赛活动及其获奖情况，详细介绍优秀的美容师和培训员，还有这些优秀女性的成功经验及成长体会。这个杂志每月一期，以不同的国家为单位发行，使玫琳凯美容师在公开赞美中分享经验。

粉红色凯迪拉克的赞美：玫琳凯的区级指导员是蓝色的套装，再高一个层级是粉红色的套装，当你做到可以穿黑色套装的时候，玫琳凯公司就会同时奖励你一辆粉红色的凯迪拉克轿车。世界上粉红色的凯迪拉克轿车的主人全部是玫琳凯的全国性指导员。开车走在外边，玫琳凯人都知道这代表玫琳凯的一位资深而优秀的美容师，这样不仅在公众场合赞美了玫琳凯的优秀美容师，同时也为玫琳凯公司做了宣传，粉红色的凯迪拉克轿车成为玫琳凯公司“到处跑的广告”。

第十章

心理说服术：用非暴力沟通拉近关系

赞美赞得他心花怒放

赞美别人时如不审时度势，不掌握一定的技巧，即使你是真诚的，也会变好事为坏事。就像你本来用很昂贵的原料煲了一锅汤，但是如果火候掌握得不好，那么再好的原料也煲不出味道鲜美的汤。只有火候掌握得好，赞美才会散发出最浓郁的香味。

特别是在赞美上级的时候，更需要掌握赞美的火候。我们赞美身边的普通人，即使话语不得体，也没有太大的关系，别人也不会把你怎么样。但是当我们赞美上级的时候，如果火候拿捏得不好，那么后果可能就会很严重了，也许你一辈子都会郁郁不得志；如果赞美得恰如其分，说不定就会使你加官晋爵。

在镇压太平军的行营中，一次，曾国藩用完晚饭后与几位幕僚闲谈，评论当今英雄。他说："彭玉麟、李鸿章都是大才，为我所不及。我可自许者，只是生平不好谀耳。"一个幕僚说："各有所长。彭公威猛，人不敢欺；李公精敏，人不能欺。"说到这里，他说不下去了。

曾国藩问："你们以为怎么样？"

众人皆低首沉思，忽然走出一个管抄写的青年来，插话道：“曾帅仁德，人不忍欺。”人人听了齐拍手。

曾国藩十分得意地说：“不敢当，不敢当。”青年告退后，曾氏问：“此是何人？”幕僚告诉他：“此人是扬州人，入过学，秀才，家贫，为事谨慎。”

曾国藩听后说：“此人有大才，不可埋没。”不久，曾国藩升任两江总督，就派这位青年去扬州任盐运使了。

赞美别人，掌握尺度是最关键的。

在你开口赞美别人的时候，一定要遵循以下法则：

1.真心诚意地赞美

每个人都珍视真心诚意，它是人际交往中最重要的原则。英国专门研究社会关系的卡斯利博士曾说过：“大多数人选择朋友都是以对方是否真诚而决定的。”

2.讲究场合，合乎时宜

赞美的效果在于相机行事、适可而止。当别人计划做一件有意义的事时，开头的赞扬能激励他下决心做出成绩；中间的赞扬有益于对方再接再厉；结尾的赞扬则可以肯定成绩，指出进一步的努力方向，而达到“赞扬一个，激励一批”的效果。

3.赞美的话不能千篇一律，要有特点

人的素质有高低之分，年龄有长幼之别，因人而异、突出个性、有特点的赞美比一般化的赞美能收到更好的效果。

4.赞美一个人的行为或贡献比赞美他本人好

当你赞美一个人的行为或贡献时，你的赞许更显得真诚，而且，如果别人知道他的确值得赞美，会获得最好的效果。赞美行为比赞美本人更可以避免功利主义或偏见。

5.赞美要翔实具体

在日常生活中，人们有非常显著成绩的时候并不多见。因此，交往应从具体的事件入手，善于发现别人哪怕是最微小的长处，并不失时机地予以赞美。赞美用语越翔实具体，说明你对对方越了解，对他的长处和成绩越看重。

会说话的人是幽默的人

有幽默感在现代社会确实是对人极高的赞赏，因为它不仅表示受赞美者的随和、可亲，能为严肃凝滞的气氛带来活力，还显示了其高度的智慧、自信与适应环境的能力。

幽默是一个人的学识、才华、智慧、灵感在语言表达中的闪现，是一种“能抓住可笑或诙谐想象的能力”，是对社会上的种种不协调、不合理的荒谬现象、偏颇、弊端、矛盾实质的揭示和对某些反常规言行的描述。幽默语言可以使我们内心的紧张和重压释放出来，化作轻松的一笑。在沟通中，幽默的语言如同润滑剂，可有效地降低人与人之间的“摩擦系数”，化解冲突和矛盾，并能使我们从容地摆脱沟通中可能遇到的困境。

在社交中，谈吐幽默的人往往能取胜，没有幽默感的人往往会失败。在交际场合，幽默的语言极易迅速打开交际局面，使气氛轻松、活跃、融洽。在出现意见有分歧的难堪场面时，幽默、诙谐便可成为紧张情境中的缓冲剂，使朋友、同事摆脱窘境或消除敌意。此外，幽默、诙谐的语言还可以用来含蓄地拒绝对方的要求，或进行一种善意的批评。

幽默被誉为现代人为人处世的重要法宝之一，也是用来衡量一个人的口才乃至智慧的标准。很多人都在想方设法使自己成为一个幽默的人，一个有情趣的人。但是，幽默要注意场合、对象，把握一定的尺度，切不可生搬硬套。最不可取的是无话不幽默，且不分场合，不分对象，弄得大家烦不胜烦，成为茶余饭后的笑料。滥用幽默可能会冲淡你真正的工作成绩，幽默过了头，则会适得其反，伤害感情，因此开玩笑要掌握好分寸，幽默要遵循得体原则。

1.内容高雅

幽默的内容取决于幽默者的思想情趣与文化修养。幽默内容粗俗或者不雅，虽有时也能博人一笑，但过后就会变得乏味。而内容健康、格调高雅的玩笑所产生的幽默，不但能给对方启迪和精神享受，而且也是对自己美好形象的有力塑造。

2.态度友善

对人友善是做人的一个原则，也是幽默的一个标准。一般来讲，幽默的过程，是感情互相交流传递的过程，如果借着开玩笑对别人冷嘲热讽，发泄内心厌恶、不满的感情，那么这种玩笑就无法称得上幽默。

也许有些人不如你口齿伶俐，表面上你占到上风，但别人会认为你不能尊重他人，从而不愿与你交往。

3.区别对象

生活中，每个人的身份、性格、心情不同，对玩笑的承受能力也不同。同样一个玩笑，能对甲说，不一定能对乙说；能对乙说，也不一定能对甲说。一般来说，晚辈不宜同前辈开玩笑，下级不宜同上级开玩笑，男性不宜同女性开玩笑。在同辈人之间开玩笑，则要掌握对方的性格特征与情绪信息。对方性格外向，能宽容忍耐，玩笑稍微过大也能得到谅解。对方性格内向，喜欢琢磨言外之意，开玩笑就应慎重。对方尽管平时生性开朗，假如恰好碰上不愉快或伤心之事，就不能随便与之开玩笑。相反，对方性格内向，但正好喜事临门，此时与他开个玩笑，幽默的氛围会一下子突显出来，效果也会出乎意料的好。

4.分清场合

不分场合的幽默，结果只能适得其反。比如，老板开会，正在台上向职员们发表讲话，你却在这个时候突然冒出一两句逗人的话。虽然大家被你的幽默逗乐了，然而老板会认为你是一个不守纪律，缺乏礼貌和修养的人，会在心中留下对你的不良印象。又如，老板和职员欢聚在一起，说些幽默的话逗乐，而你却把这种幽默引向歧途，说了不雅的话，老板当然会认为你是一个不知高低的冒失鬼。

使用幽默一方面要看准对象，看准场合；另一方面还要抓住时机。发挥幽默也需要“素材”，就是特定的场合、情境等，这些就像机遇一样，可遇而不可求，关键在于能否随机应变。如果为幽默而幽默，就会显得生硬、不合时宜、不伦不类，不仅不能成为沟通中的“润滑剂”，还可能增加沟通的“摩擦系数”。

说话含蓄让人回味无穷

社会生活纷繁复杂，人们总会遇到一些不便直言的事情或场合，这就要求我们掌握委婉含蓄的说话技巧。含蓄就是在交谈或论辩中，不把本意直接说出来，而是采取曲折隐晦的方式表示本意，带有哑谜特色的一种当众讲话方法。

1.不方便说的含蓄代之，帮你解围

在日常交际中，人们总会遇到一些不便说、不忍说，或者是由于语言环境的限制而不能直说的话，因此不得不“遁词以隐意，谲譬以指事”（刘勰《文心雕龙·谐隐》），故意说些与本意相关或相似的事物，来烘托本来要直说的意思，使原本十分困难的交往，变得顺利起来。

在以下情形，你可以试用委婉含蓄的方法表达自己的意见，往往会收到意想不到的后果。

当你要表达难以启齿的事物、行为或要求时，含蓄的方法可帮你解围。

《贵阳晚报》曾介绍过一位卖夜壶的老大爷与一个顾客的对话：

冬天，一个顾客见有久违的夜壶上市，而且质量很好，造型别致，便去挑选。但选来选去，总感到太大，便自言自语道：“好是好，就是大了点。”

老大爷闻言，笑道：“冬天——夜长啊！”

顾客一听，会心地笑了，于是买了一把。

对话中，这位老大爷用“冬天——夜长啊”一句话，含蓄地表达了“夜长尿多”的意思，幽默风趣。

2.棘手的问题含蓄作答，维护了面子

对有些棘手的问题不便明言，但大家都能明白时，为照顾对方面子，维护自己的尊严，当众讲话时可含而不露，让听众自己去体会。

1972年2月21日，尼克松访华下榻在钓鱼台国宾馆。尼克松与基辛格及白宫来的工作人员被安排在18号楼，而国务卿罗杰斯等人住在不远的6号楼，基辛格以前两次来访时在这幢楼住过。尼克松从住处的安排就觉察出周恩来十分熟悉美国国情，知道美国权力设置的“三权分立，权力制衡”的制度。

到达宾馆后，大家在会客厅摆成大圆圈的沙发上落座，周恩来总理和美国客人一一打过招呼，寒暄中，不时开几次小小的玩笑，以活跃气氛。

当时由于中美未正式建交及历史原因，很多问题的表达都让人感到棘手。如何才能既维护自己的尊严又不令对方过于难堪成了外交活动的理想境界。在谈判时，采用含蓄的方式既能表达自己的意思，令对方一思即得，又能使谈判顺利进行。周恩来的外交风采就鲜明地体现在对含蓄方式的运用上。

晚上，在欢迎尼克松总统一行的酒会上，周恩来说：“由于大家都知道的原因，两国人民之间的来往中断了二十多年……”

这一“大家都知道的原因”真是绝妙，它既使在座的人知道造成这一事实的原因是美国对新中国的封锁和干涉，又不伤美国人的面子。听到这一“原因”，在场的美国人和中国人都心照不宣，相视而笑。

3.劝导的语言含蓄表达，易被接受

当你发现领导或长辈确实犯了错误，又不便直接指出时，借助含蓄语言可以起到劝导作用。

齐景公滥用酷刑，百姓怨声载道，晏婴一直想借机劝谏。

一天，齐景公对晏婴说：“先生的房子离集市太近，狭小潮湿，喧闹而多尘土，我想给你换一处好房。”晏婴推辞说：“离集市近，也有好处，买什么东西出门就到，再说，怎么敢烦劳众乡里帮我盖房搬家呢？”景公笑了笑，道：“你离集市近，了解市价行情吗？”晏婴点点头。景公说：“那你说现在市场上什么东西贵，什么东西贱？”当时齐景公对百姓采用的酷刑是砍掉双腿，因此市场上卖假腿的很多。于是晏婴趁机说：“踊贵屦贱。”

意思是说市场上假腿需求量增大而不断涨价，而鞋却十分便宜。齐景公意识到自己的过错，从此免了砍腿的酷刑。

4.批评的话含蓄说出，避免误会

为防止产生误会，造成隔阂，也为了让对方接受建议，对一些特殊人物可采用婉言批评的技巧。

曹禺《日出》中方达生和陈白露有这样一段对话：

方：竹均，怎么你现在变成这样？

陈：这样什么？

方：呃，呃，这样的好客——这样的爽快。

陈：我原来不是很爽快么？

方：（不肯直接道破）哦，我不是，我不是这个意思……我说，你好像比从前大方得……

陈：我知道你心里是说我有点太随便，太不在乎。你大概有点疑心我很放荡，是不是？

在这段对话中，方达生本意是要批评陈白露“太随便”，但这样说怕伤害对方，而使用“好客”“爽快”“大方”等词语，婉转地批评了陈白露，使陈白露自然警觉起来。这种婉言批评是一种正话反说，还有一种方法是先隐后现，即先引其亮出观点，而后提出事实，证明其观点错误，使其自我否定，达到教育目的。

当你不愿、不必或无须对一些错误言行进行直言批评时，运用含蓄的语言进行委婉、间接的批评，既可以给被批评者留面子，又能一语点透。永远要记住，如果你不采用含蓄的语言进行委婉、间接的批评，而是严词厉句地批评别人，也许你早就忘记了。可是，被你伤害的那个人却永远不会忘记。

说服一个人要循序渐进

心急吃不了热豆腐。说服一个人不能急于求成，而要循序渐进，逐步有节奏地进行，这样才能起到应有的效果。说服一个人，通常要按照以下的几个步骤进行：

第一步，想要让对方同意你的意见，先要设法去了解对方的想法与凭据来源。

曾经有一位很优秀的管理者这么说："假如客户很会说话，那么我已有希望成功地说服对方，因对方已讲了七成话，而我们只要说三成话就够了！"

事实上，很多人为了说服对方，就精神十足地拼命说，说完了七成，只留下三成让客户"反驳"。这样如何能顺利圆满地说服对方？所以，应尽量将原来说话的立场改变成听话的角色，去了解对方的想法、意见，以及其想法的来源或凭据，这才是最重要的。

第二步，先接受对方的想法。

如果感觉到对方仍对他原来的想法保持不舍的态度，其原因是尚有可取之处，所以他反对你的新提议，此时最好的办法，就是先接受他的想法，甚至先站在对方的立场发言。"我也觉得过去的做法还是有可取之处，确实令人难以舍弃。"先接受对方的立场，说出对方想讲的话。为什么要这样做呢？因为当一个人的想法遭到别人一无是处的否决时，极可能为了维护尊严或咽不下这口气，反而变得更倔强地坚持己见，排斥反对者的新建议。若是说服别人的结果是这样，成功的希望就不大了。

曾经有一个实例，某家庭电器公司的推销员挨家挨户推销洗衣机，当他到一户人家里，看见这户人家的太太正在用洗衣机洗衣服，就忙说："哎呀！这台洗衣机太旧了，用旧洗衣机是很费时间的，太太，该换新的啦……"

结果，不等这位推销员说完，这位太太马上产生反感，驳斥道："你在说什么啊？这台洗衣机很耐用的，到现在都没有故障，新的也不见得好到哪儿去，我才不换新的呢！"

过了几天，又有一名推销员来拜访。他说："这是令人怀念的旧洗衣机，因为很耐用，所以对您有很大的帮助。"

这位推销员先站在太太的立场上说出她心里想说的话，使得这位太太非常高兴，于是她说："是啊！这倒是真的！我家这台洗衣机确实已经用了很久，是太旧了点，我倒想换台新的洗衣机！"

于是推销员马上拿出洗衣机的宣传小册子，供她参考。这种推销说服技巧，确实大有帮助，因为这位太太已被动摇而产生购买新洗衣机的决心。至于推销员是否能说服成功，无疑是可以肯定的，只不过是时间长短的问题。

善于观察与利用对方的微妙心理，是帮助自己提出意见并说服别人的要素。

一般来说，被说服者之所以感到忧虑，主要是怕"同意"之后，会不会发生意想不到的后果；如果你能洞悉他们的心理症结，并加以防备，他们还有不答应的理由吗？

至于令对方感到不安或忧虑的一些问题，要事先想好解决之道，以及说明的方法，一旦对方提出问题时，可以马上说明。如果你的准备不够充分，讲话可能模棱两可，反而会令人感到不安。所以，你应事先预想一个引起对方可能考虑的问题，此外，还应准备充分的资料，给客户提供方便，这是相当重要的。

第三步，让对方充分了解说服的内容。

有时，虽然你有满腹的计划，但在向对方说明时，对方无法完全了解其内容，他可能马上加以否定。另外还有一种情形是，对方不知我们说什么，却已先采取拒绝的态度，摆出一副不会被说服的模样；或者目光短浅，不听我们说的也大有人在。如果遇到以上几种情形，一定要耐心地一项项按顺序加以说明。务求对方了解我们的真心实意，这是说服此种人要先解决的问题。

如果不能完全了解我们说的内容者，千万不可意气用事，必须把自己新建议中的重要性及其优点，逐步深入地介绍给他，让他确实明白。举一个例子加以说明，假如你前去说服别人，第一次不被接受时，千万不可意气用事地说：

“讲也是白讲！”

“讲也讲不通！浪费唇舌。”

一次说不通就打退堂鼓，这样是永远没有办法使说服成功的。

给别人留下说话的机会

当马克·吐温还是一名普通船员的时候，罗克岛铁路公司打算建一座大桥，把罗克岛和达文波特两个城市连接起来。那个时候，轮船是运输小麦、熏肉和其他物资的重要工具。所以，轮船公司把水运权当成上苍赐予他们的特权。铁路桥修建成功，自然也就葬送了他们的特权，毁了他们的财路，因此轮船公司竭力对修桥提案进行阻挠。于是，美国运输史上最著名的一个案子开庭了。

轮船公司的辩护律师韦德，是相当有名的铁嘴。法庭辩论的最后一天，听众云集。韦德滔滔不绝，足足讲了两个小时。

轮到罗克岛铁路公司的律师发言时，听众就不耐烦了，怕他也说起来没完没了。这也正是韦德的计谋。然而，那位律师只说了一分钟。不可思议的一分钟，这个案子就此闻名。

他站起身平静地说："首先，我对控方律师的滔滔雄辩表示钦佩！然而，陆地运输远比水上运输重要，这是任何人都改变不了的事实。陪审团各位，你们要裁决的唯一问题是，对于未来发展而言，陆地运输和水上运输哪一个更重要？哪一个不可阻挡？"

片刻之后，陪审团做出裁决，建桥方获胜。那位律师高高瘦瘦，衣衫简陋，他的名字叫作——亚伯拉罕·林肯。

韦德既想炫耀自己的口才，又想拖延时间，因此滔滔不绝、口若悬河，但是他没有想到这样的喋喋不休会让听众厌烦，更没想到林肯有那么机智的反应，因此更让他的长篇大论惹人生厌。

任何人都不喜欢别人在自己面前喋喋不休，因为面对"优"于自己的人，我们都会油然而生一种抗拒心理，而对那些主动示"弱"的人，我们却非常愿意表达接近他的"爱"心。所以，见多识广的人往往要承受更多人的"反对"，因此也就屡屡饱尝失败的滋味，而表面上"无知无识"的人，却能减免许多人为的阻力，一步步迈向成功。

这种规律在营销领域尤其突出，我们常常发现一些说话滔滔不绝的业务员通常还不如那些沉默寡言的业务员。

开始时，小李向别人推销时总是赖在别人面前不走，直到把对方累垮，但是业绩却毫无起色，久而久之，他对自己的推销能力也产生了怀疑。后来在别人的指点下，他改变了做法。他说："并不一定要向每一个我拜访的人推销保险。如果推销的时间超过预定的，我就要转移目标。为了使别人快乐，我会很快离开，即使我知道如果再磨下去，他很可能会买我的保险。"

谁知这样做竟然产生了奇妙的效果："我每天推销保险的数目开始大增。还有，有些人本来以为我会磨下去的，但当我愉快地离开他们之后，他们反而会到另一间办公室来找我，并且说：'你不能这样对待我。每一个推销员都会赖着不走，而你居然不再跟我说话就走了。你回来给我填一份保险单。'"

俗话说："话多不如话少，话少不如话好。"许多人不一定有智慧，且往往可能刚好相反。

怀着一颗兴奋的心，小张与同事们一起组团到外地做业务考察。一路上，不管是搭飞机或小巴士，总是听到其公司的王副经理不断地高谈阔论，叽叽喳喳地讲个不停，许多团员私底下都相视而笑，无奈地摇头说："这次碰上王副经理，完了，真够惨！"到了北京，拜会有关单位时，轮到王副经理做简报，只见他站在大众面前却脸红脖子粗，结结巴巴，讲不出像样的业务简报。

小张也曾与一位公关公司的女经理洽谈业务。这位女经理长得蛮漂亮，业务亦是做得响当当的，经常是海峡两岸跑，可是当她话匣子一打开，就滔滔不绝，如黄河决堤，一发不可收拾。小张虽亦是业务口才高手，但想插几句话，却始终苦无机会。这位女经理兴致高昂地叙述她这些年来的公关事业是如何蓬勃，小张则两手在餐桌上玩弄着吸管，心中觉得十分无趣。30分钟后，小张终于鼓起勇气对这位女经理说："对不起，待会儿我还有事，我先走了！"

瞧，喋喋不休保证会把人给说跑了。

生活中，你也不能喋喋不休，说个没完没了。如果你是一位女性，尤其应该对此引起重视，因为你更易犯下这一错误，而且这一弱点危害甚重，直接影响或危及你的说服效果。所以，如果你想让自己获得成功，也让他人得到尊重，那就从现在开始——不再唠叨！

拿破仑的侄子拿破仑·彭纳派德与美女郁金妮·德伯伯爵相爱并成婚。他的朋友们认为，她不过是一位不重要的西班牙伯爵的女儿。但拿破仑·彭纳派德反驳说："那又怎样？"她的青春，她的优雅，她的美貌，她的诱惑，使他沉浸在神仙般的幸福中。"我已经喜欢上了一位我所敬爱的女人，"他说道，"她不是一位我不了解的女人。"

拿破仑·彭纳派德和他的新婚妻子拥有健康、财富、势力、美貌、名誉、爱情与信仰——一切幸福的条件。但是，他们婚姻的圣火从未发过更加耀眼的光辉，而且没过多久，那炽热的圣火就熄灭了。拿破仑·彭纳派德可以使郁金妮成为皇后，他可以献出他爱情的全部力量，但他无法做到一点：使她停止喋喋不休。

由于嫉妒和多疑，郁金妮不听他的命令。当他处理国政的时候，她闯入他的办公室，打断他最重要的讨论。她常常到她的姐姐家抱怨她的丈夫。她拒绝他独处，永远怕他与别的女人交往。她抱怨、哭泣、喋喋不休，甚至恫吓，并强行进入他的书房，向他发怒。拿破仑，这个法国的皇帝，纵然有许多富丽堂皇的宫殿，却不能找到一个小橱，好让自己在那里安静一下。

以后拿破仑常在夜里，从一侧门偷偷地出去，戴一软帽，将眼遮起，带一亲信随从，真的前往等待他的美女那里去，或像古时人似的，漫游于这大城市中，见些平时见不到的东西。

这一切都是喋喋不休的郁金妮所造成的。她坐在法国皇后的位上，又是世界上最美丽的妇人，但在不良的气氛之中，皇后地位与美貌都不能再使拿破仑折服，都不能保持爱情的存在。

有人说林肯一生最大的悲剧不是被刺，而是他的婚姻。

林肯传记的作者这样写道："林肯夫人那尖锐刺耳的声音，就是隔一条街都可以听见。附近邻居常常听到她不断地咆哮怒喊，她的愤怒常常是以这种方法表现，而要形容她那副愤怒的神情，真是很不容易呢！"

所有的吵闹、责骂和喋喋不休，改变林肯了吗？在某方面来说，是的。那就是使林肯改变了对她的态度，他懊悔自己不幸的婚姻，同时他尽量躲避她。

话说多了，会显得夸夸其谈，油嘴滑舌；言多必失，祸从口出，这时，最好的办法是学会静心倾听。注意听，给人的印象是谦虚好学，专心稳重，诚实可靠；认真听，能减少不成熟的评论，避免不必要的误解；善于听，让你拥有丰富的人脉资源。

所以西方人说：“与人交谈，犹如弹弦一般，当别人感到乏味时，便要把弦按住，使它停止震动、发声。”当你忍不住要喋喋不休时，请多想想这样所带来的恶果吧。

征服人心的口才定律

有些人说服人经常犯的弊病，就是先想好几条理由，然后去和对方辩论；还有的是站在长辈的立场上，以教训人的口吻，指点别人该怎么做。这样一来，就等于先把对方推到错误的一方，因此，效果往往不好。说服人的方法和技巧很多，以下几种是比较实用和简便的。

1.用高尚的动机来激励他

在一般情况下，每个人都崇尚高尚的道德、正派的作用，都有起码的政治觉悟和做人道德。所以，在说服他人转变看法的时候，一个有效的办法就是，用高尚的动机来激励他。比如说这样做将对国家、公司带来什么好处，或将对家庭、子女带来什么好处，或将对自己的威信有什么影响，等等。这往往能够很好地启发他，让他做应该做的事。

2.用热忱的感情来感化他

当说服一个人的时候，他最担心的是可能要受到的伤害。因此，在思想上先砌了一道墙；在这种情况下，不管你怎么讲道理，他都听不进去。解决这种心态的最有效的办法，就是要用诚挚的态度、满腔的热情来对待他，在说服他的时候，要用情不自禁的感情来感化他，使他从内心受到感动，从而改变自己的态度。

3.通过交换信息促使他改变

实践证明，不同的意见往往是由于掌握了不同的信息所造成的。有些人学习不够，对一些问题不理解；也有些人习惯于老的做法，对新的做法不了解；还有些人听人误传，对某些事情有误解；等等。在这种情况下，只要能把信息传给他，他就会觉察到行为不是像原来想象的那么美好，进而采纳领导者的新主张。

4.激发他主动转变的意愿

要想让别人心甘情愿地去做任何事，最有效的方法，不是谈你所需要的，而是谈他需要的，教他怎么去得到。所以有人说：“撩起对方的急切愿望，能做到这一点的人，世人必与他同在；不能的人，将孤独终生。”

探察别人的观点并且引起在他心里对某项事物迫切需要的愿望，并不是指要操纵他，使他做只对你有利而不利于他的某件事，而是要他做对他自己有利，同时又符合你的想法的事。这里要掌握两个环节：一是说服人要设身处地地谈问题，要把别人的事当作彼此互相有利的事来加以对待；二是在促使他行动的时候，最好让他觉得不是你的主意而是自己的主意。这样他会喜欢，会更加主动和积极。

5.用间接的方式促使他转变

说服人时，如果直接指出他的错误，他常常会采取防守的姿势，并竭力为自己辩护，因此，最好用间接的方式让他了解应改进的地方，从而让他达到转变的目的。所谓间接的方法是多种多样的，如把指责变为关怀，用形象的比喻来加以规劝，避开实质问题谈相关的事，谈别人的或自己的错误来启发他，用建议的方法提出问题，等等。这就要靠领导者根据实际情况创造性地加以运用。

6.提高对方“期望”的心理

被说服者是否接受意见，往往和他心目中对说服者的期望心理有关。说服者如果威望高，一贯言行可靠，或者平时和自己感情好，觉得可以信赖，就比较愿意接受他的意见。反之，就有一种排斥心理。所以，作为领导者，平时要注意多与下属交往，和他们建立深厚的感情，这样在工作的时候，就能变得主动有力。